知識ゼロからの

経済学入門

An introduction of economics for businessman. You can understand economic activities around the world.

Kenshi Hirokane

弘兼憲史 著

明治大学政治経済学部教授

高木 勝 監修

経済学入門◉弘兼憲史

An introduction of economics for businessman.
You can understand economic activities around the world.

幻冬舎

まえがき

長引く不況を脱した日本だが、日本経済が堅調に伸びていると実感することはあまりない。業績が回復した企業は、その利益を株主配当や役員賞与などに回し、労働者がその恩恵にあずかることができない、という現状もある。さらに日本社会は、驚異的なスピードで少子高齢化が進み、年金システム崩壊が懸念されている。国債の発行残高も増加の一途をたどり、ますます前途は多難であるように思われる。

一方で、大国アメリカはＩＴバブルの崩壊後、順調な経済成長を達成。またＢＲＩＣｓに代表される国々、とくに中国の発展には目を見張るものがある。国際競争で勝ち残るために、日本は改革を迫られている時期であるといえる。

この時代の転換点において、私たちは自己責任で行動することが求められている。その際に武器になるものが経済学だ。自分で考える力を身につけ、世界の出来事をより深く洞察するには、経済学の知識を欠かすことはできない。

なお、本書をまとめるにあたり、明治大学教授高木勝氏に有益なアドバイスとご指導を頂戴した。ここに記し、厚くお礼申し上げたい。

二〇〇八年一月

弘兼憲史

第1章 経済学を通じて世界を読み解く……………9

第2章　生活することは経済活動を行うこと

第3章 買い手と売り手の思惑で値段が決まる―ミクロ経済学の基礎―

第4章 国の経済力はGDPに表れる―マクロ経済学の基礎―

第1章

経済学を通じて世界を読み解く

**原油価格の高騰、
アメリカ住宅ローンの焦げ付きなど、
世界では日々、さまざまな出来事が起こっている。
世界の出来事をより深く理解するには、経済学が欠かせない。**

日本

高度経済成長のあと、2つの出来事に襲われた

オイルショックが効率のよい社会を作る

中東産油国は、原油価格を大幅に引き上げ、生産量を削減。1973年、オイルショックが発生した。

島耕作も、トイレットペーパーを買うために走った?!

トイレットペーパーが消える?!

石油への依存度が高かった日本の経済は大打撃を受けた。物価が急激に上がるという懸念から、「トイレットペーパーがなくなる！」という噂が広まり、全国で買い占めが起こるほど混乱した。この騒動が象徴するように物価は大幅上昇。「狂乱物価」とよばれた。

より燃費のよい社会への変貌

狂乱物価の最中《さなか》、政府は石油・電力の節約実施、店舗の営業時間短縮、深夜テレビの自粛など、節約キャンペーンを展開。日本は石油を節約する社会構造へと向かう。その甲斐あって、世界有数の省エネ国家に転換した。

1973年、**オイルショック**が発生。中東産油国からの石油輸入依存度が大きい日本経済は大打撃を受け、狂乱物価を記録した。その後、2度目のオイルショックが起こり、日本の産業構造はサービス業にシフトする。一方、製造業は輸出を増大させるが、貿易摩擦という対立を生みだしてしまった。

　1985年、ドル高是正をはかるプラザ合意によって、円高ドル安になる。輸出に頼ってきた日本経済は、一気に円高不況に陥るが、公定歩合の引き下げなどの金融緩和政策で不況を克服した。

　しかし、景気が回復しても金融緩和政策を続けて、社会は金余り状態に。その資金が投機に向けられ、**バブル経済**を生みだした。

バブル経済はプラザ合意からはじまった

実力以上のドル高によってアメリカ産業の競争力は低下。先進5ヵ国の代表がニューヨークのプラザホテルに集まり、ドル安に是正することを決定した。

それまでの日本は……

年間3～5%と安定した経済成長を達成したが、それは輸出が順調に拡大したため。しかし、輸出は相手国にとっては輸入である。日本の貿易黒字拡大に伴い、貿易摩擦という問題も発生していた。

プラザ合意

先進国は手持ちのドルを売ることで合意した。

それまでのアメリカは……

当時のレーガン大統領は、レーガノミックス（大型減税と規制緩和）によって、インフレの沈静化と景気拡大に成功。しかし、巨大な財政赤字と貿易赤字、いわゆる双子の赤字を抱えていた。

投機が投機をよび経済は膨張した

プラザ合意以降、急速に円高が進み、日本は不況に突入。日銀の金融緩和政策と企業の徹底した合理化により順調に回復したが、そのまま景気が過熱してバブルに突入する。

バブルの背景

公定歩合の引き下げ

円高不況を抜けだすため、公定歩合を引き下げ、企業の営業活動を活発に。

企業の金余り

景気回復後も、金利は低いまま。企業は銀行から融資を受け金余りの状態。

バブルの発生

資産インフレの発生

企業はだぶついた資金で、株や不動産に投資。その結果、市場が過熱して現実の価値以上に株や不動産の価格が上昇する。

余ったお金は投機へ

過熱した不動産投資により、資産価値が異常な高値に。実体のないことからバブルとよばれ、日銀が金融を引き締めるまで狂乱が続いた。

日本

不良債権の処理に追われ、10年もの時間を失う

多額の不良債権はこうして生まれた

バブル崩壊後、日本は平成大不況に陥った。株や不動産に投資していた企業は経営が悪化、融資していた銀行は多額の不良債権を抱えることに。

銀行

不動産価格が天井知らずで上がり、銀行は土地を担保に、企業に多額の融資を行う。

土地を担保にする

この時代、土地の価格はうなぎのぼり。借金が返せなくても土地が売れればよかった。

融資

利子返済

企業

バブル期は、銀行から借金をして株や土地を買い、資産を増やした。この錬金術がずっと続くと考えられていた。

バブルの崩壊

バブルがはじけると、担保である土地、株式などが大暴落し、資産価値が激減する。

その後の不況

バブル崩壊後、後始末に追われた「失われた10年」。長い不況で企業は返済に苦しむことになる。

バブル崩壊後、企業は経営が悪化し、銀行からの借り入れが返済不能になった。銀行は巨額の**不良債権**を抱え、企業に対して資金を貸し渋るようになり、経済は停滞。銀行自身が破《は》綻《たん》してしまう例も出た。政府は公的資金を投入して、金融不安を解消しようとする。

不良債権処理には、回収できない見込み金額を貸倒引当金として明らかにする「間接償却」と、不良債権を売却、あるいは完全に放棄して、会計帳簿から消してしまう「直接償却」の2種類がある。

世界経済が急速にグローバル化しはじめた1990年代、日本は不良債権処理に追われ、世界情勢から遅れをとってしまった。この期間を「**失われた10年**」とよぶ。

ロマコンのピンドン割りなんて時代もあったな
庶民には関係ないけどな

金融機関の破綻を防ぐために公的資金が

不良債権を抱えた銀行は、経営が不安定になり、破綻する銀行も出はじめた。

社会混乱をまねく金融機関の破綻
銀行が経営不振になると、預けているお金が保証されなくなるという不安から、預金を下ろす人が増え、ますます銀行の資産が減り経営が悪化。

→

公的資金の投入
このまま放っておくと銀行が破綻し金融不安が連鎖していく恐れがある。政府が銀行経営を回復させるために、公的資金を投入する。

不良債権は着実に減ってきている

資産デフレが進行して不良債権が膨らんだ銀行は、同業種の企業と合併や業務提携をすることで、経営体力を徐々に回復。不良債権処理も進む。

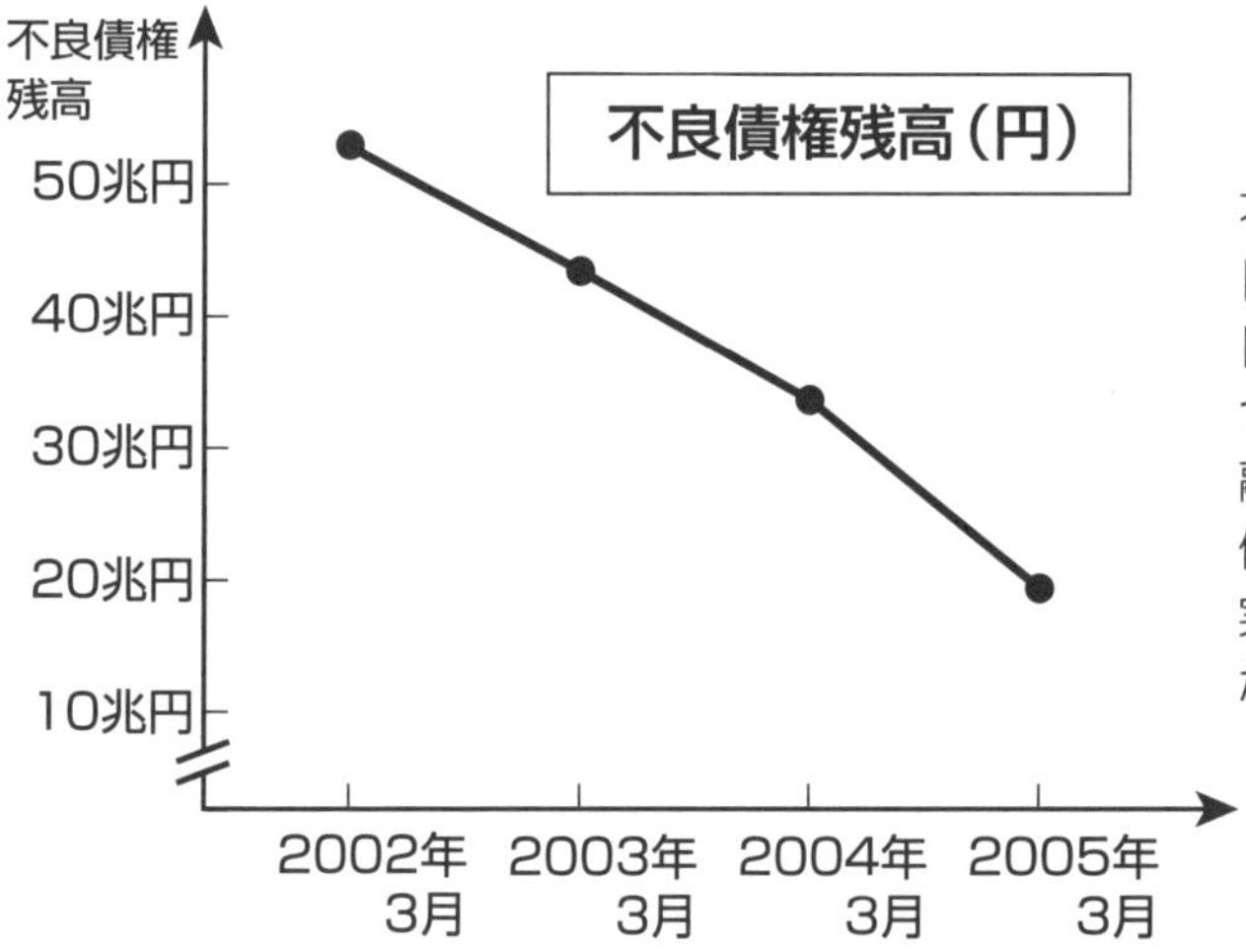
不良債権残高
不良債権残高（円）
50兆円
40兆円
30兆円
20兆円
10兆円
2002年3月
2003年3月
2004年3月
2005年3月

不良債権の基準には「銀行法」「金融再生法」「早期是正措置」の3つがある。左の表は金融再生法に準じた不良債権の残高。年々、着実に減少していることがわかる。

（出典:金融庁「18年9月期における不良債権状況等」）

日本

増え続ける国債の発行は、将来大きな負担になる

天井知らずの国債発行残高

政府は国民などから借金をしている、とよく耳にするが、日本の現在の財政状況は極めて不健全だ。

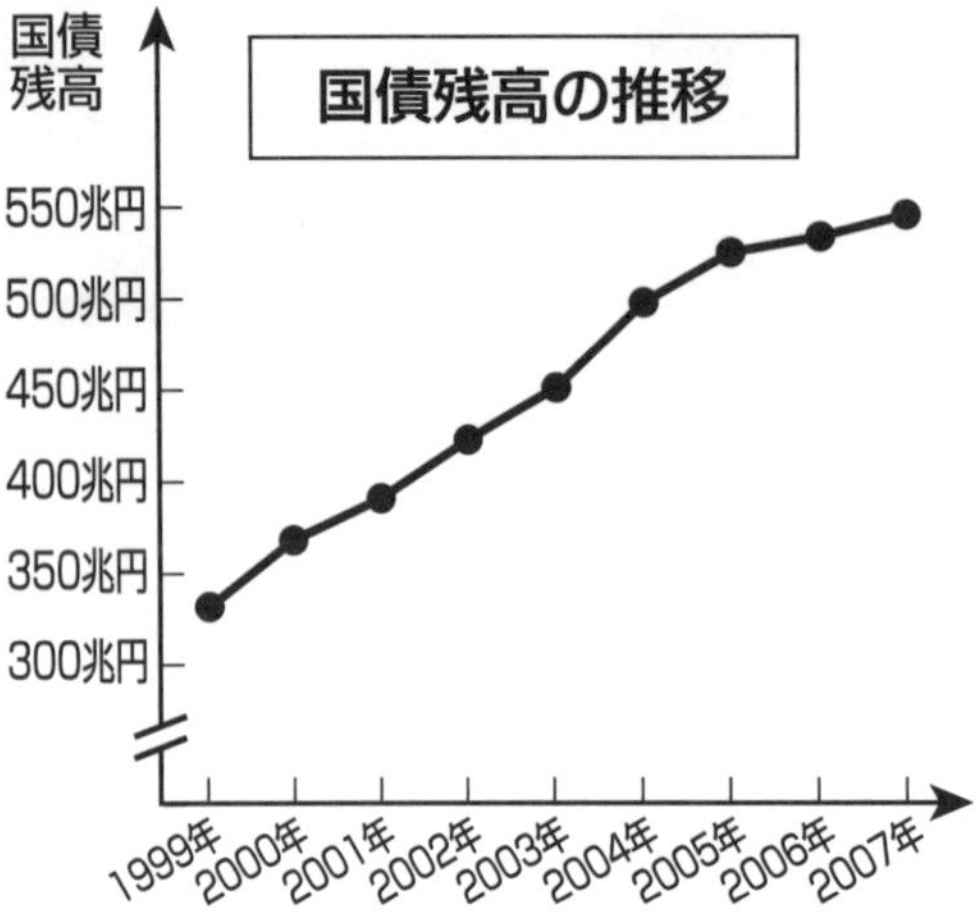

2007年度末、普通国債の発行残高が547兆円に達する見込みだ。国民ひとりあたり400万円以上の借金を抱える計算になる。税収が上がらない現在、国債の発行は借金を増やすばかりだ。

（出典:財務省ホームページ「公債残高の累増」）

将来の増税につながる危険性も

国の借金を減らすためには、その財源をどこかに求めなければならない。しかし、景気が回復しない限り、税収の増加は期待できない。その結果、将来増税が行われ、次世代に負担を残すことが懸念される。

バブル崩壊とともに、日本の財政も悪化した。バブル崩壊から脱却するために大型の経済政策が繰り返されたが、その財源のほとんどは**国債**でまかなわれてきた。

国債は公債のひとつで、国民などからお金を借りて資金を調達する方法だ。公共事業に充てる「建設国債」と、税収不足を補う「赤字国債」に分かれる。地方公共団体が発行すれば「地方債」となる。

国債は一定の金利が約束されており、銀行などの金融機関が市場の売買を通じて保有している。また、2005年度からは個人投資家も購入できる「個人国債」が発行された。いずれにせよ国債は借金。いつかは利子をつけて返済しなければならない。

政府の財布の3分の1は借金

所得税や消費税、法人税などの政府の収入（歳入）のうち、３分の１以上が国債の発行から。財政は借金によって支えられている。

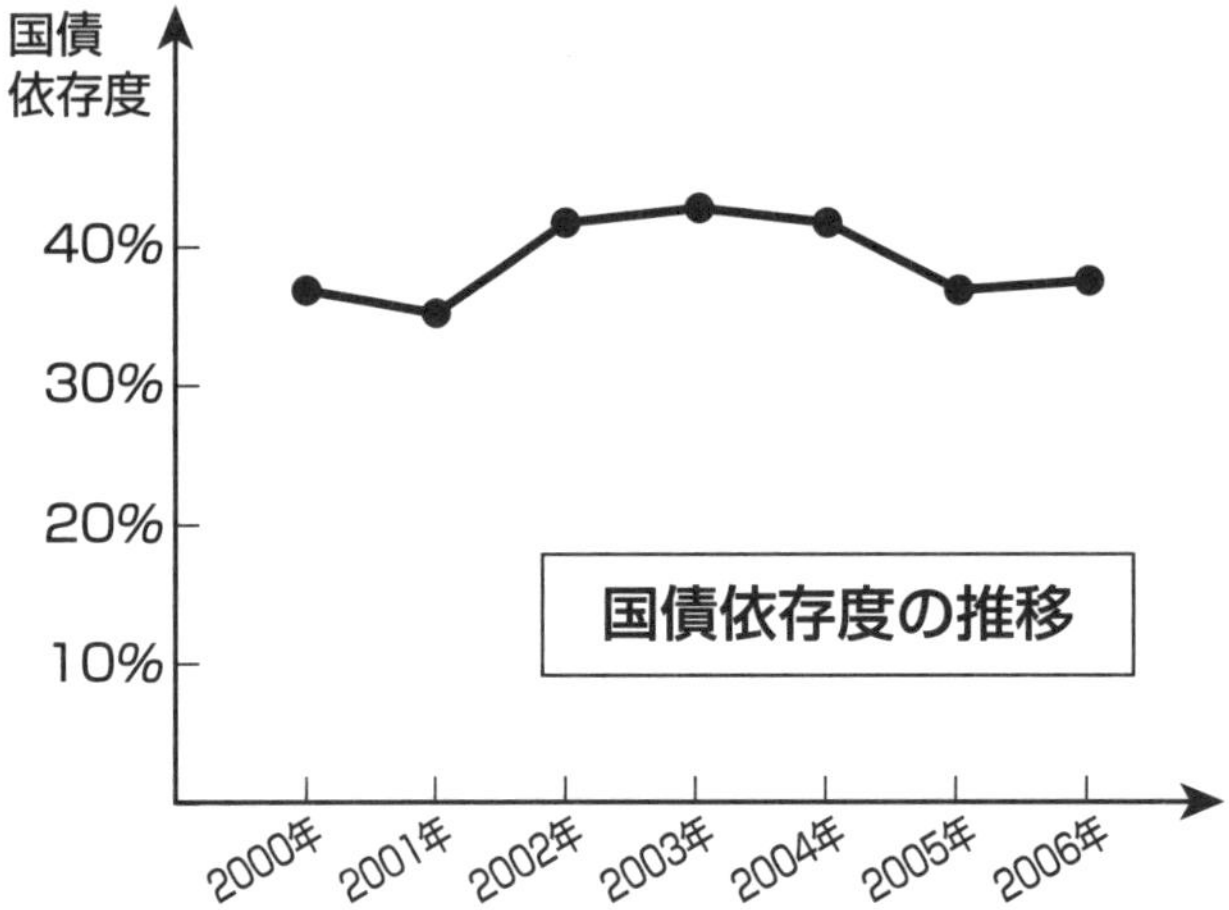

国債依存度とは、政府の収入（歳入）のうち、国債が占める割合。バブル崩壊後、90年代から急速に高まった。また、歳出全体に対する、利子の支払いや返済（国債費）は2006年度で25%以上と、財政を圧迫している。

（出典:財務省「平成18年度国債発行及び国債残高の推移等」）

日本の財政はどうなる?!

国債のGDP比率を100%までに

借金の額ではなく、国の経済規模であるGDPと国債発行残高の比率が重要。現在は150%と高水準だが、とりあえず100%まで下げる努力が必要。

日本全体では貯蓄超過

国債金利は総じて安定している。これは、日本国内の貯蓄額（約1500兆円）が借金（約1000兆円）を上回っており、国全体ではバランスがとれている。

構造改革は進めるべき

GDPが増えていれば、借金が雪だるま式に増える心配はない。しかし日本経済はマイナス成長も経験し、現在も鈍化しており、財政状況は危機的。この状況を脱却するためには、競争促進や規制緩和など、現在の社会システムを打破するための構造改革が必要だ。

改革一辺倒は格差を生みだす

構造改革で都市と地方の格差が浮き彫りに。地方は政府に頼るのではなく、液晶技術で地域自体がブランド化した三重県亀山市のように、自ら活性化することが求められる。

日本

少子高齢化社会を迎え、これからどこを目指すのか

人口の減少は避けられない

急速に少子高齢化する日本。2005年に有史以来初の本格的な人口減少となり、政策が根本から変わる可能性がある。

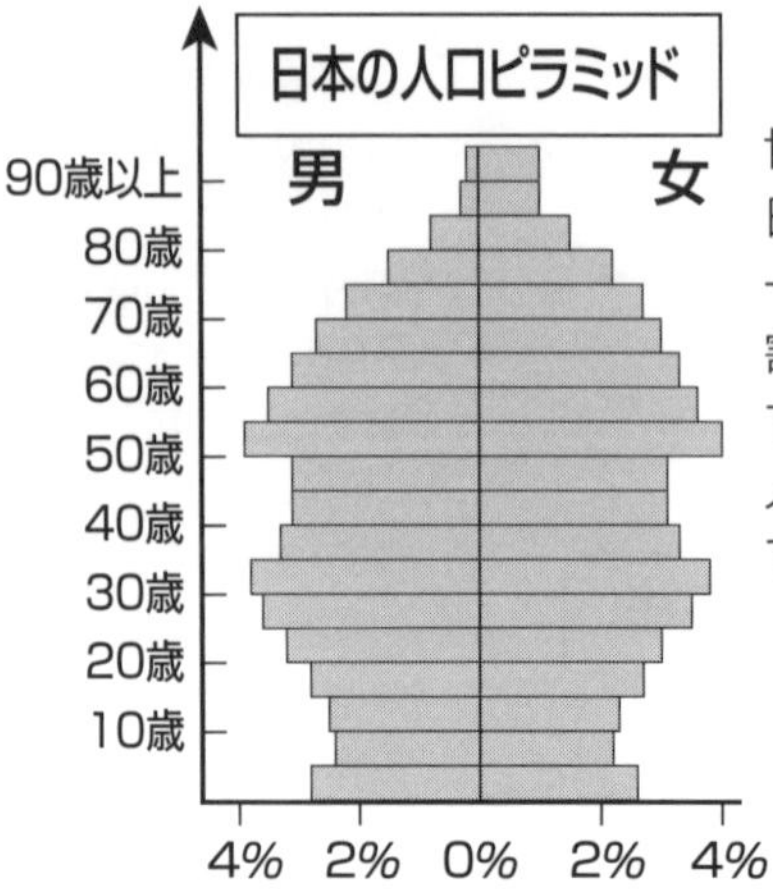

世界の人口が増加するなか、日本の人口は減少に転じた。一方、人口に占める高齢者の割合が急速に増え、国が発展する基本ととらえられている人口ピラミッド構造が反転してしまった。

(出典:財務省統計局「平成16年10月1日現在推計人口」より作成)

人口減少がもたらす深刻な問題

人口減少は、労働力を急速に低下させ、経済成長が見込めなくなる、などの問題を引き起こす。同時に高齢化が進んでいる日本では、社会保障制度の負担が大きくなることは間違いなく、経済成長が鈍化する状況下、どのように高齢者を支えていくかが大きな課題だ。

２００４年をピークに、日本の人口ははじめて減少に転じた。出生率も上がらず、高齢者が増えていくことから、労働生産性の低下による経済の停滞が心配されている。さらに、年金システムが機能しなくなり、深刻な社会不安も危《き》惧《ぐ》されている。

しかし、マイナス面ばかりではない。ひとりあたりの生産性を増やすことができれば、ＧＤＰは拡大する。居住空間の増大など、明るい未来予想図もある。

人口減少は生活習慣病に似て、自覚症状が乏しいとされる。異常はすぐには表面化しないが、放置すると着実に体を蝕《むしば》む。少子高齢化が社会不安をまねかぬように、政治の舵取りを見守る必要がある。

人口減少にもメリットはある

労働力が減少しても、ひとりあたりの労働生産性が大きく増えればGDPは増大する。居住スペースは広くなり、交通の混雑が緩和されるなど、ゆとりある生活を送ることも可能だ。

生活空間の拡大

「ウサギ小屋」と揶揄《やゆ》されるほど、日本の住居環境は劣悪であったが、人口構造が変化することによって、ひとりあたりの利用できるスペースは拡大する。

女性・高齢者の雇用増大

いままで眠っていた女性の労働力が再認識され、積極的な雇用がはじまる。また、知識と経験が豊かな高齢者も、どんどん社会に出て働ける時代になると予想される。

「人的資源立国」を目指す

ひとりひとりが生産性を上げ、労働の質的な変革を行うことで、人口が減少しても、経済成長は見込める。また、女性や高齢者などの人的資源が増えることで、人口減少・高齢化にも対応できる国を作り上げることは十分に可能だ。

奈美
これからの日本は
おまえたち
若者が担うんだぞ
わかってるわよ
パパ

アメリカ

ニューエコノミー論が注目され、ITバブルにわく

ITバブルにわくアメリカで生まれた考え

インフレなき経済成長が持続する新しい経済の概念、ニューエコノミー論は、３つの意味で使われる。

1 オールドエコノミーとの対比
インターネットなどの、新興のデジタル・ハイテク産業と、鉄鋼業などの従来の産業を対比する場合。

2 インフレが起こりにくくなった
失業率とインフレ率を同時に抑制することに成功したことから、インフレが起こりにくい経済概念をさすとき。

3 まったく新しい経済体系ができた
これまでの経済の常識である景気循環が消滅し、半永久的に成長を続けられる新しい経済体系をさす意味で使用。

経済学者のあいだで、共通した定義があるわけでなく、肯定論・否定論・中間論といろいろな立場をとる人がいる。既存の産業が支えてきた経済とは一線を画す新しい考え方に、みんなが注視した。

１９９０年代、アメリカは「黄金の90年代」とよばれる長期間の経済成長を達成した。これは、ＩＴ技術を活用することで飛躍的に労働生産性が高まり、高い成長率と低いインフレ率を同時に達成できたからだ。これまでの景気循環とはまったく違う、新しい経済体系、**ニューエコノミー論**として脚光を浴びた。

当時、ＩＴ技術で世界のトップを走るアメリカは、通信情報システムを劇的に進化させた。詳細な在庫管理を可能にし、在庫循環の振れ幅を小さくした。これがニューエコノミー論のはじまりだ。これに注目した各企業が、ＩＴ投資を進め、ＩＴ関連株が急上昇。ＩＴバブルとなった。

経済は90年代に復活した

低失業率、低インフレ率の時代をはじめて経験したアメリカは、不況と好況を繰り返す景気循環から脱却し、インフレなき経済成長が持続できると考えた。

インフレの抑制

通常、経済成長が続くと、景気が過熱してインフレ（P108参照）になる。しかし、IT技術をはじめとする下記の要因などでインフレを抑制。

○ITによる効率化
○中南米、アジアからの安価な商品の流入
○規制改革による競争の激化
○FRB（連邦準備制度理事会）の政策

失業率の低下

経済が順調に成長・改善することで、雇用が増大し、失業率を低く抑えることができた。

日本バッシングから日本ナッシングへ

アメリカは、80年代、バブルで経済成長する日本をうらやんで、市場開放を求め続けてきた。しかし、日本経済が低迷して自国の経済が成長すると日本の存在感は希薄になった。

日本との経済関係は逆転し
アメリカはさまざまな分野で世界をリード
日本の立場は苦しいものに

アメリカ

雇用と財政の問題に悩む一方、対外的にも問題山積

ITバブル後に財政・雇用問題が

持続的な好景気を謳歌《おうか》してきたアメリカは、ITバブルがはじけるとともに株価が急落し、世界経済に大きな影響を与えた。

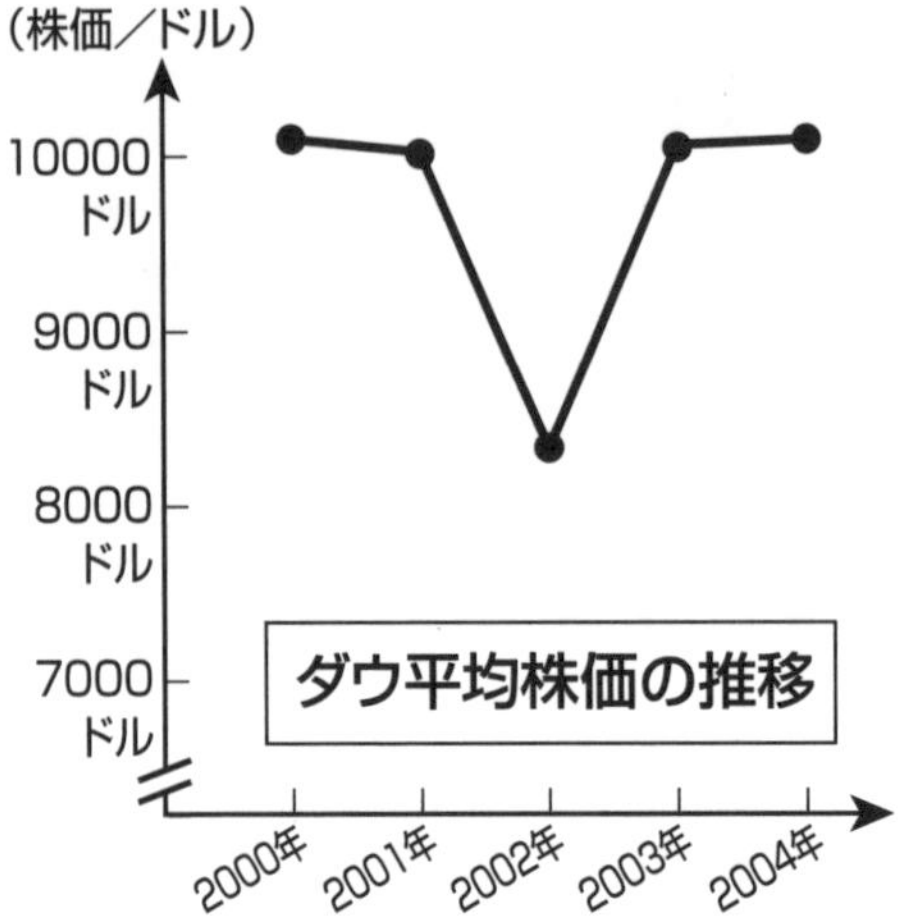

（株価／ドル）
10000ドル
9000ドル
8000ドル
7000ドル
2000年
2001年
2002年
2003年
2004年

ダウ平均株価の推移

ダウ平均株価とは、ダウ・ジョーンズ社というニュース通信社が算出している、アメリカの株価指数のこと。2001年にITバブルが崩壊したあと、ダウ平均株価は一気に暴落した。

（出典：『現代アメリカデータ総覧　2006』（柊風舎）

雇用問題・財政赤字が再発

1980年代に抱えた「双子の赤字」が、ITバブルの絶頂期に一時的に回復した。しかしバブルがはじけると、雇用問題・財政赤字が再発する。大型減税と金利引き下げで景気は回復するものの、失業率が下がらない「雇用なき景気回復」状態になる。

ITバブルにより急騰したIT関連企業の株価は、連邦準備制度理事会（中央銀行）の金融引き締めにより急落。IT関連企業の多くが失速し、多数の失業者を生んだ。しかし財政政策（大型減税）や金融政策（大幅な金利引き下げ）などの、マクロ経済政策が適切に行われ、アメリカ経済は意外なほど早く回復した。それでも失業問題はなかなか解決しなかった。

その一方、世界覇権国家の様相を呈してきたアメリカに対し、世界各国から不満の声が聞こえはじめた。とくに石油利権に絡む中東地域からの反発は激しく、不幸にも同時多発テロが発生する。それまで削減してきた軍事費が再び増大し、財政を急激に圧迫している。

アメリカ経済を取り巻く不安要素は

世界の覇者であるアメリカが、諸外国の資本を買い漁り、利益を吸い上げている。これが、さまざまな問題を引き起こしている。

混迷するイラク情勢

同時多発テロ以来、アメリカとの対立姿勢が浮き彫りになった中東地域に対し、軍事で解決しようとした。その結果、軍事費が拡大し、財政赤字を生んだ。

大型の減税政策

所得税率の引き下げ、最低所得税率対象者の拡大、児童扶養税控除の拡大や、共働き世帯向けの減税など、大型減税が行われたが、家計の消費は伸び悩んだ。

原油価格の高騰

車で移動しなければ生活が成り立たないほどの車社会のアメリカでは、原油価格が高騰すると直接的な打撃になる。産業面でも生産コストが上昇する。

その一方で……

市場の開放を求めるアメリカ

アメリカは世界各国に規制緩和を促して市場開放を求め、アメリカ資本が流入できる体制を望んでいる。日本も金融ビッグバン以降、アメリカ資本に吸収される金融機関が増え、キャピタルゲインだけを吸い上げる戦略が目立つようになった。

ドン

日本でも金融、保険などの産業はアメリカの資本が多い

日本にはもっと規制の緩和を進めてもらいたいと考えています

アジア

通貨危機がタイからはじまり周辺諸国を巻き込む

通貨危機はどのようにして起こるのか

政治や経済のマイナス要素によって、通貨が暴落すると、その国の経済は混乱状態に陥る。

通貨価値の下落
ある国で財政などが悪化しはじめると、経済が停滞する。それと歩調を合わせるように通貨価値も下落していく。

投資資金を引き揚げるようになる

投資家
通貨価値が下がると、海外の金融機関や投資家は、その国への投資を控えて、資金を引き揚げることを考えるようになる。

通貨価値下落

買い支え
通貨危機に見舞われた国は、自国の通貨の価値を支えようと、外貨準備を投入して自国の通貨を買う。

投資家は通貨価値の下落を嫌って売りにだす。この売りの行為がますます通貨価値を下落させる。

グローバル化が進んだ状況下、金融は通貨の価値を下落させ、一国の経済をも狂わせる力を持つようになった。

通貨危機は、その国の経済成長の鈍化や政情不安が発端となる。これらの動きは、海外の金融機関の資金の引き揚げや、海外企業の撤退をまねき、通貨の売りを促進させる。国は、外貨準備を投入して自国の通貨を買い支えようとするが、資金が底をつくと通貨危機となる。

通貨危機に陥った場合、自国の通貨の切り下げを行うなどして事態の打開をはかる。また、デフォルト（債務不履行）を回避するため、ＩＭＦ（国際通貨基金）が介入する場合もある。

アジア諸国の通貨価値が急低下した

1997年、タイの通貨・バーツがヘッジファンド（P134参照）に売りたたかれ、通貨危機に陥った。それは他の東南アジア諸国にも波及し、アジア全体を巻き込んだ。

タイの通貨制度

バーツの為替レートは、「ドルペッグ制」とよばれる為替相場制を採用していた。ドルの値動きに連動して、バーツの価値が決まる。

ドルの価値が上がるとタイのバーツも連動して上がるため、タイ経済の実態以上にバーツの価値が上がってしまう。

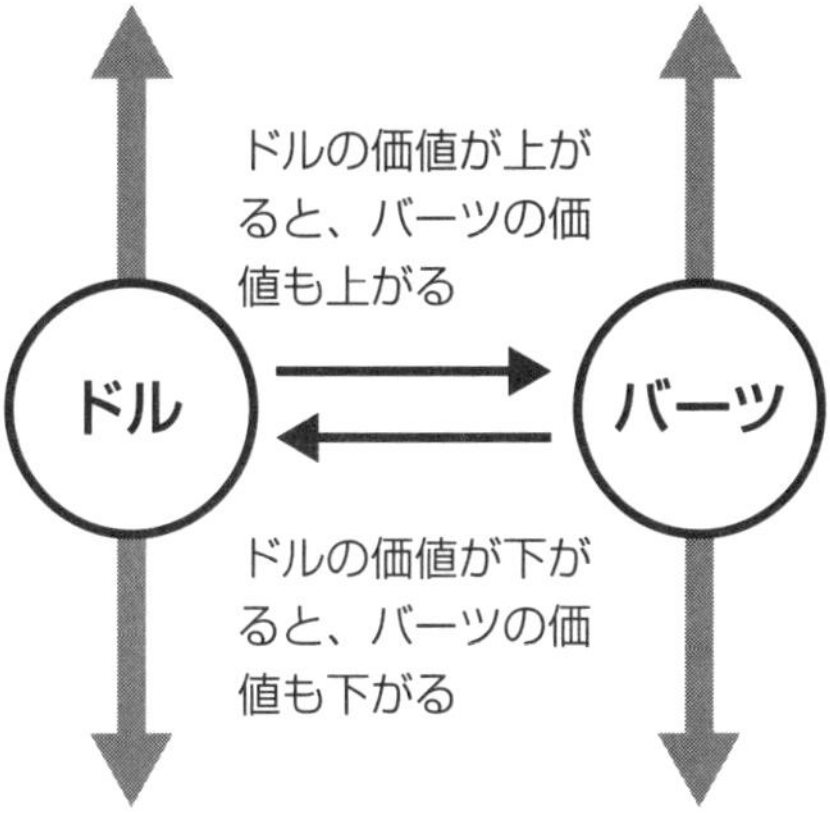
ドルの価値が上がると、バーツの価値も上がる
ドル
バーツ
ドルの価値が下がると、バーツの価値も下がる

バーツ高による競争力低下

自国通貨の価値が上がると輸出産業は不利になる（P161参照）。

投資家・金融機関は逃げる

タイ経済が順調なときは海外から多くの資金がタイに注がれていたが、経済状況が一転すると資金を引き揚げた。

変動為替相場制へ移行

タイはドルペッグ制を維持しようと外貨準備を市場に投入して、バーツを買い支えるが、外貨が底をついてしまう。そこで変動為替相場制に移行、バーツの価値は暴落した。

ヘッジファンドによる売りたたき

アジア諸国の通貨危機の裏では、ヘッジファンドが動いていたともいわれる。

バーツを売って売って売りまくる！

実態の経済以上の評価があるバーツを売りまくれば、タイはドルペッグ制を維持するために外貨準備で買い支えるだろうと予測する。

たとえば、１ドル＝20バーツのレートでバーツを売り、バーツが暴落したあと、１ドル＝50バーツで買い戻せば、30バーツの利益が得られる。

中国

空前の成長を続けるなかで、光と影が明確になる

成長のカギはなんだったのか

労働力・資本・土地という生産要素のうち、中国は土地と労働力において、圧倒的なアドバンテージを持つ。

各国の国土面積

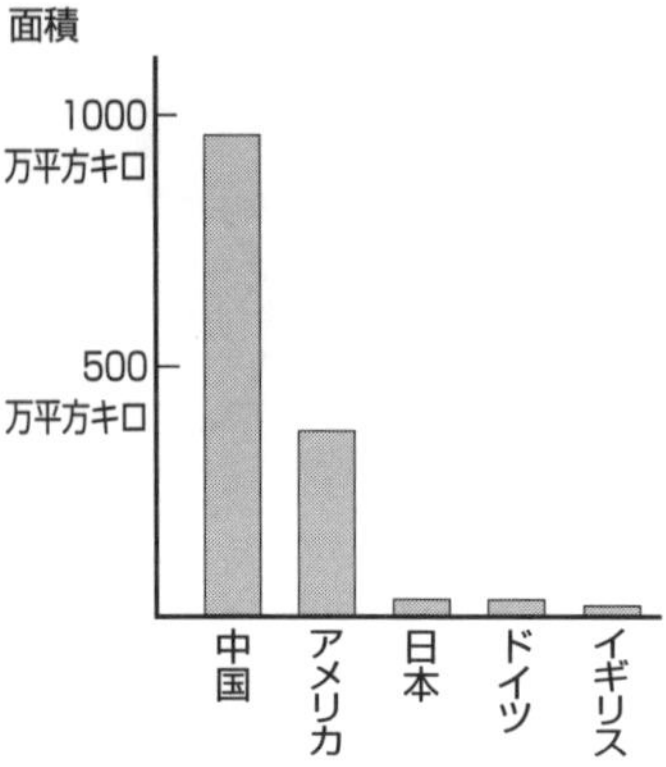
面積
1000万平方キロ
500万平方キロ
中国
アメリカ
日本
ドイツ
イギリス

（出典:財務省統計局『世界の統計2007』）

中国は国土面積が日本の25倍もある。豊富な労働力に加え、国土が広い分、産業資源も多くあると予想され、優位性が高い。

各国の人口

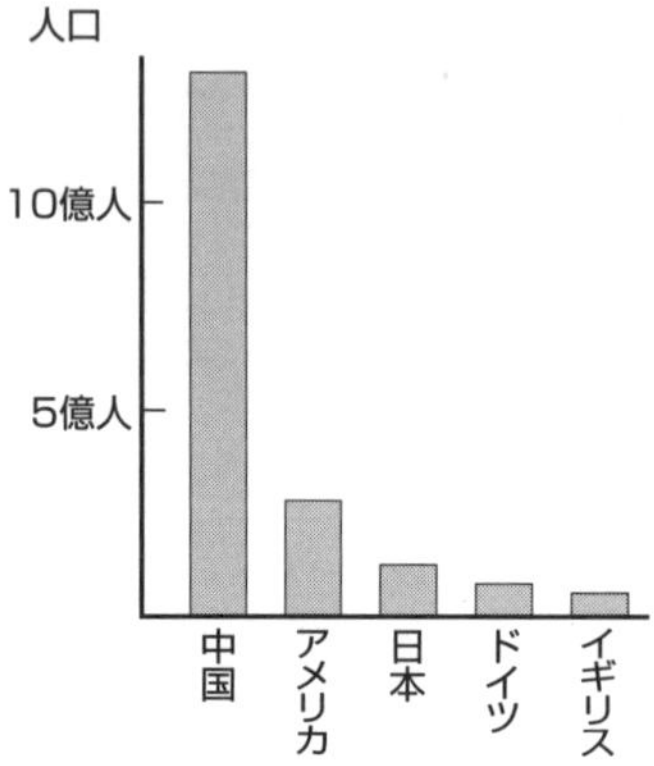
人口
10億人
5億人
中国
アメリカ
日本
ドイツ
イギリス

（出典:財務省統計局『世界の統計2007』）

世界最大の経済成長国である中国の人口は13億人。ひとりっ子政策で高齢化社会が心配されているが、豊富で安価な労働力がテコとなって高度成長を実現してきた。

BRICs（ブラジル、ロシア、インド、中国）の経済成長が注目されているが、そのなかでも一番の出世頭は、安価な労働力で輸出力を高めてきた中国だろう。

日本をはじめとする、欧米各国の企業が生産コスト削減のために、生産拠点を中国に移行した。その結果、中国製の製品が世界中に広まり「世界の工場」といわれるまでになった。現在も高い経済成長率を保っている。

しかし、ここにきてさまざまな問題が浮き彫りになってきた。都市部と農村部との格差、世界の省エネ移行に逆行するような資源の使い方や、深刻な環境汚染などだ。

今後は、中国の国際的な役割や責任が問われていく。

経済成長に伴う問題点も多い

高い経済成長率を実現してきた一方で、資源の無駄遣い、環境破壊の深刻化などが問題視されている。

成長のプラス要因

ここ数年、２桁の経済成長率を達成。さらに今後も、2008年の北京オリンピック、2010年の上海万博などを控え、インフラなどのさらなる社会資本が整うことが期待されている。

成長のマイナス要因

ひとりっ子政策で少子高齢化が急速に進むことによる人口構成、急速な成長によるCO_2排出量の増加、大気汚染などの環境問題、また慢性的な電力不足などが懸念されている。

二酸化炭素排出量の各国構成比

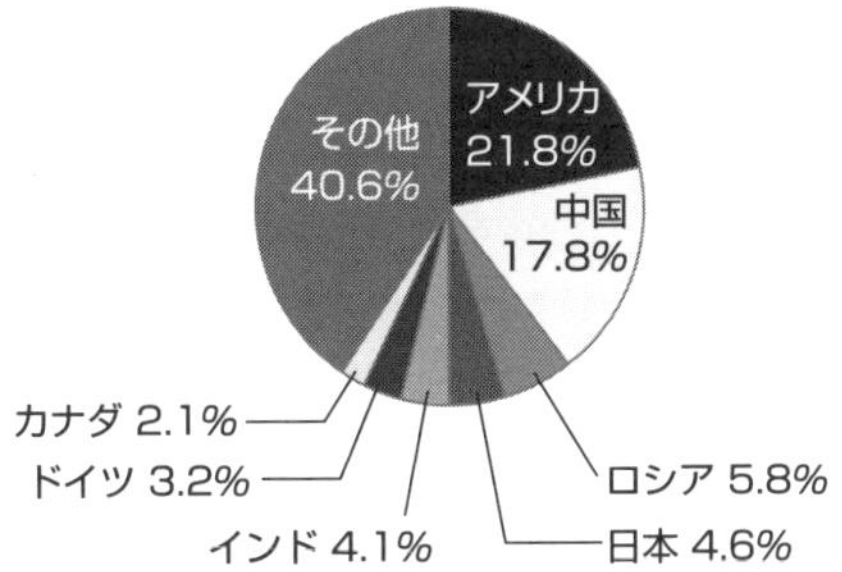
アメリカ 21.8%
中国 17.8%
ロシア 5.8%
日本 4.6%
インド 4.1%
ドイツ 3.2%
カナダ 2.1%
その他 40.6%

（出典:財務省統計局　『世界の統計2007』）

中国の電力消費量の推移

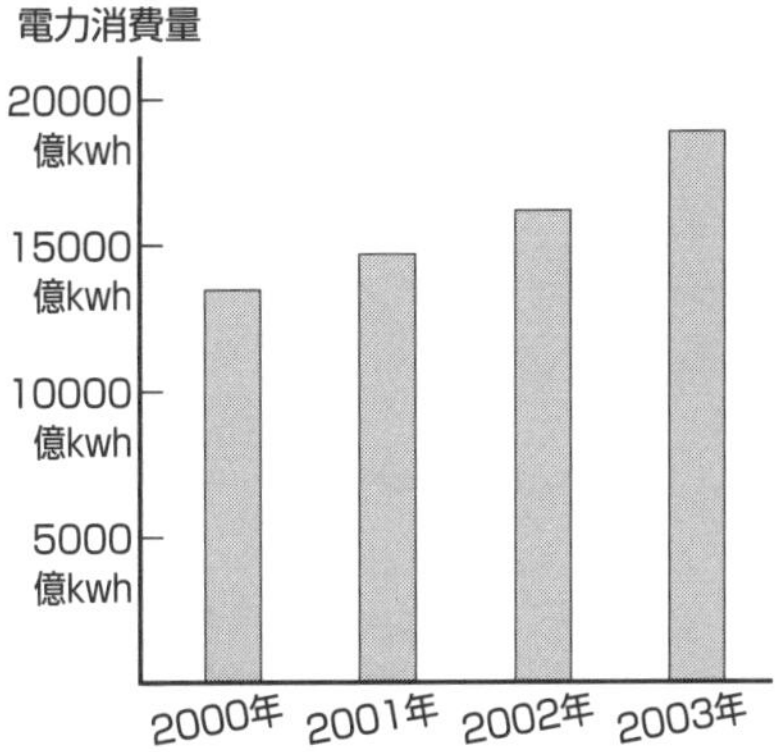
電力消費量
20000億kwh
15000億kwh
10000億kwh
5000億kwh
2000年
2001年
2002年
2003年

（出典:海外電力事業統計2005年度版）

電力消費が年々増加している。二酸化炭素排出量もアメリカに次いで世界第２位。経済成長と同時に資源消費も急増している

急速に電力需要が伸び、供給が追いつかずに停電になることもしばしば
ザワ
ザワ

中東

巨額のオイルマネーが、次世代に向けて動きだす

魔法の油が中東に富をもたらした

20世紀以降のエネルギーの主役である石油を武器に、中東諸国は莫大な富を築き上げた。

国際石油資本

かつて、石油の探査・採掘などの上流部門から、輸送・精製・販売などの下流部門に至るまで、石油産業の全段階をセブンシスターズ（7人の魔女）とよばれる7社が独占。莫大な利益を得ていた。

→

国際石油資本は産油国の意向に関係なく、価格や生産量をコントロールしていた。

↑ 不満

原油利権の奪還

1960年、産油国が自らの利益を守る目的でOPEC（石油輸出国機構）を設立。さらに、1968年にはOAPEC（アラブ石油輸出国機構）を設立し、資源の国有化を進めた。

オイルダラーとは

原油を輸出する際、支払いがドルであることからこうよばれる。原油の値上げもあり外貨が中東に集中した。

１９６０年代までは、世界の原油生産や販売、原油価格設定を国際石油資本（メジャーズ）が支配していた。70年代に入って産油国が発言力を強め、石油利権を完全に国有化した。そして原油価格決定権をメジャーズから奪還し、世界の石油情勢に影響力を持つようになり、巨額のオイルダラーが産油国に流入するようになった。

各産油国は、最初はオイルダラーを湯水のごとく使い、この世の春を謳歌していたが、やがて、石油が枯渇したあとの、ポスト石油時代をにらむようになる。

たとえばＵＡＥ（アラブ首長国連邦）はドバイに金融センターを築いたり、リゾート開発に力を入れている。

〝石油に依存しない〞産業体制の確立へ

中東諸国では、フリーゾーンとよばれる交易地を設けて、外資産業を誘致するなど、ポスト石油時代をにらんだ動きが盛んになってきている。

オイルダラーの行方は

石油は限りある資源。産油国はその枯渇に備え、石油で得たオイルダラーという巨額な資金を投入して、非石油産業の多角的な育成に取り組みはじめている。その柱は、「観光業」「金融業」「石油化学・鉄鋼業」だ。

観光業

石油以外から人・もの・金をよび込もうと、富裕層向けの高級リゾートを建設したり、人のグローバルな移動に欠かせない航空産業に力を入れている。

金融業

石油で得た巨額資金をベースに、世界の金融センターになることを目指している。海外資本にさまざまな優遇措置がある、金融フリーゾーンもある。

石油化学・鉄鋼業

自国で生産した割安な石油を利用した、石油化学産業（下流ビジネス）や、アルミニウム精錬工場などを建設し、生産量・輸出量を伸ばしている。

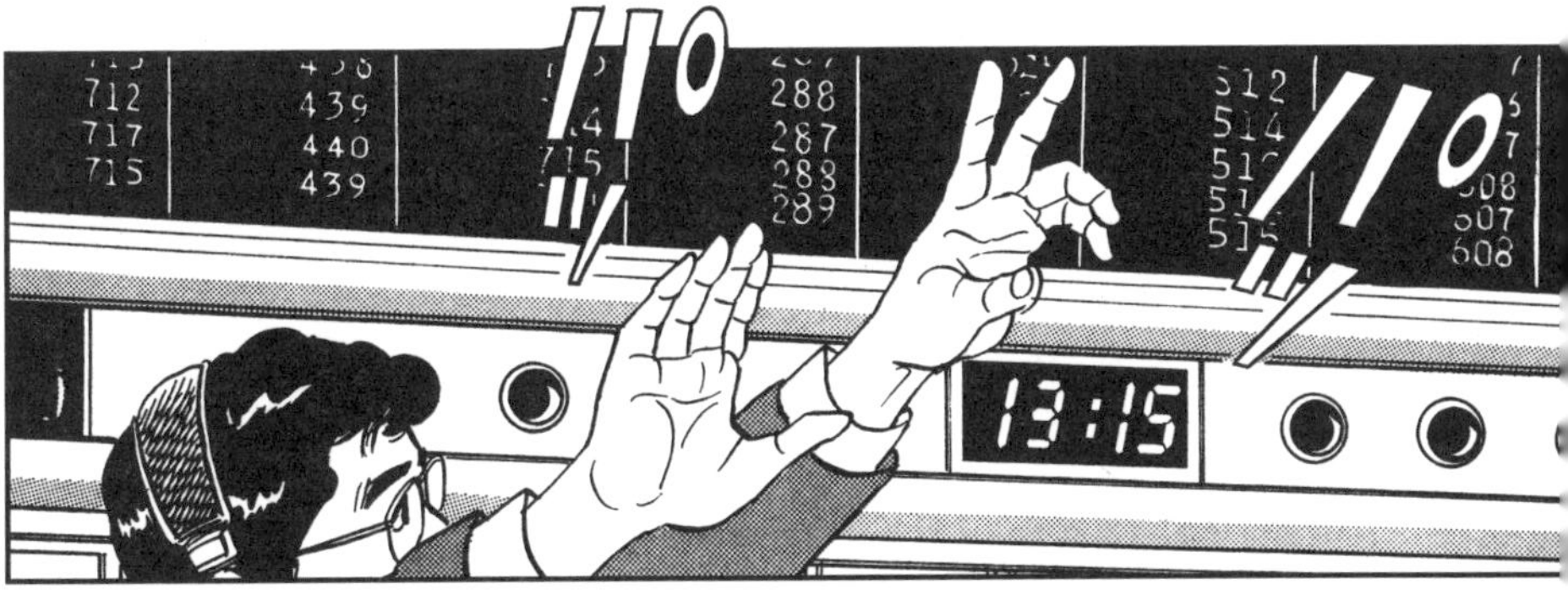

石油によって蓄えたオイルダラーを運用することで、ポスト・オイルの時代に備える

ヨーロッパ

巨大経済圏EUの誕生は、世界に大きく影響する

欧州諸国は、1951年のパリ条約、マーストリヒト条約などを経て欧州統合を目指してきた。これは、市場や通貨を統合させた経済統合という意味だけでなく、政治も含め、欧州全体が「ひとつの国」になることを目指したものだ。

この思いを持った背景には、20世紀に欧州を分断させた2度の世界大戦がある。戦争の苦い経験を踏まえ、欧州石炭鉄鋼共同体（ECSC）を創設。それ以後、欧州経済共同体（EEC）、欧州共同体（EC）、欧州連合（EU）と長い年月をかけて規模が拡大し、「ひとつの市場」「ひとつの通貨」というユーロを実現させ、アメリカに次ぐ経済規模を持つ経済圏が誕生することになった。

経済地域EUはアメリカに匹敵する

ECSC（欧州石炭鉄鋼共同体）からはじまった欧州統合構想は、現在EUとして27ヵ国が加盟（地図斜線部分）。

イギリスはポンドを継続

EU加盟国は、1999年から「ユーロ」という共通の通貨単位を導入し、加盟国の金融政策を欧州中央銀行に委ねている。イギリスは「通貨統合は国家主権を侵害する」として不参加を表明し、現在もポンドを継続している。

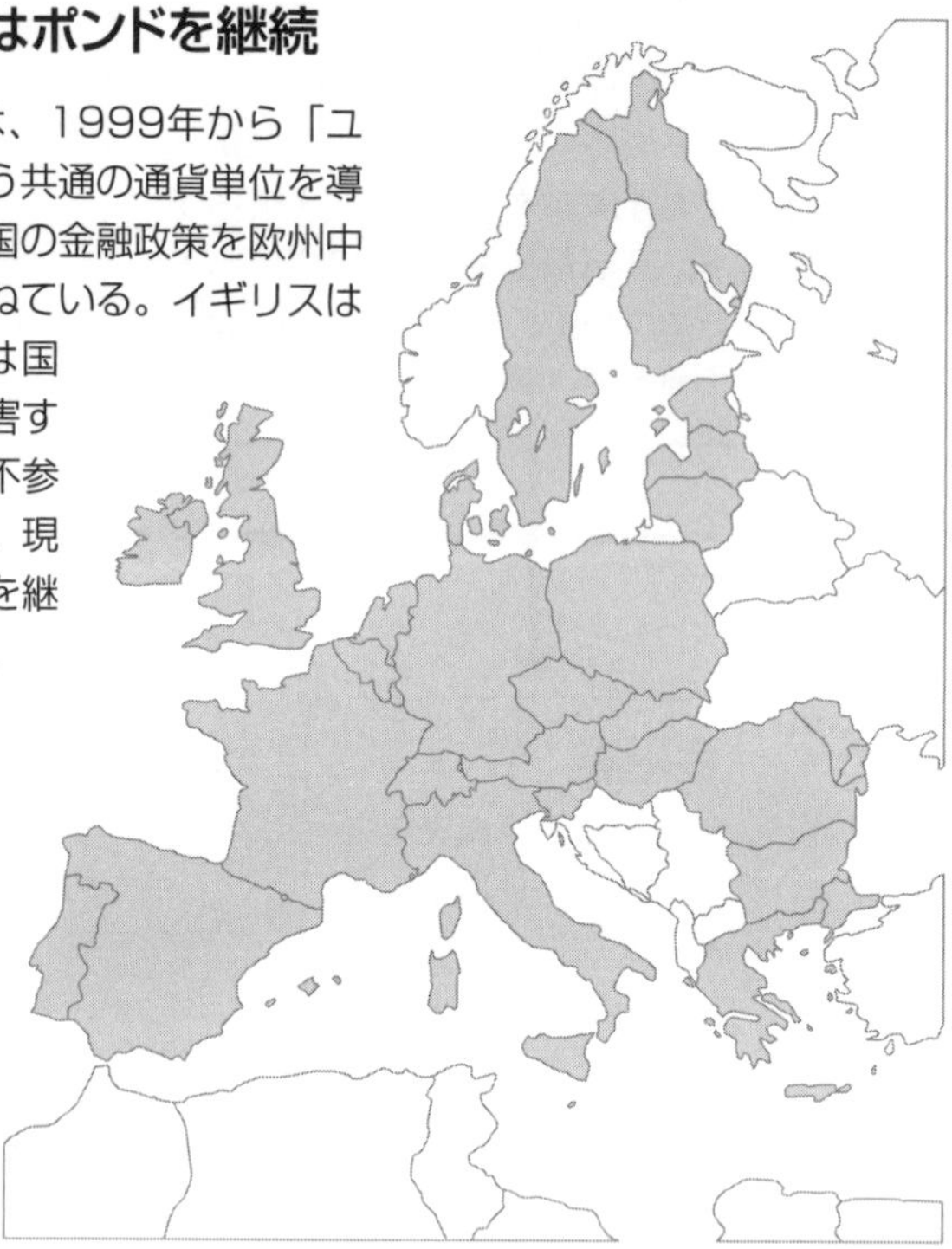

いまこそ足並みを揃えて経済の発展を目指そう！

ユーロの誕生があたえる影響は

将来的には政治統合まで目指すEU。欧州統一通貨ユーロの導入で市場や経済を統合し、その足がかりをつかんだ。

フラン　マルク　リラ

統一通貨ユーロの誕生

EUの共通通貨「ユーロ」を導入するには、各国の経済状況の足並みを揃える必要がある。そのため、厳しい参加基準が設けられた。

厳しい基準がある

○インフレ率の抑制。
○年間財政赤字をGDPの３％以内に抑えること。
○政府債務残高をGDPの60％以内に抑えること。
など。
ただし、財政赤字や債務残高が顕著に回復していれば例外もある。

1 為替リスクがなくなる

ユーロ参加国同士では為替取引が不要になり、為替変動によるリスクがなくなる。その結果、ユーロ圏内での取引が盛んになり、経済は活発化する。

2 価格競争が激化

関税障壁などがなくなり、自国内だけでなくEU圏内の企業との競争も激化。高コストの国から低コストの国へと生産拠点が移り、業界の再編が進む。

3 ほかの通貨への影響

EUはアメリカに匹敵するGDPと人口を有し、ドルと同等、ないしそれ以上の通貨となる可能性がある。円やドルなどの他の通貨に影響をあたえる。

ドイツ

世界有数の大国に成長した「経済の奇跡」を起こし、

ハイパーインフレに襲われた

第一次世界大戦に敗北したドイツは、過酷な賠償を負わされた。敗戦直後で支払い能力のないドイツは大混乱に陥った。

第一次世界大戦後

ハイパーインフレが襲う

連合国は金を基準にした1320億金マルクという、当時のドイツの総生産額2年分に相当する巨額な賠償金を請求。この支払いのためにマルク紙幣を増刷させ、1兆マルク紙幣が登場するなどのハイパーインフレを起こした。

ドイツが経験した2度の敗戦

2度の世界大戦に敗北したドイツは、2度とも戦後に国内が混乱して、経済が危機的状況に追い込まれた。そのたびに国の存亡すら危ぶまれ、国民は焦燥感を抱いていた。

第二次世界大戦後

見事な復興を遂げる

2度目の敗戦後も、物価の上昇に悩まされたドイツ。しかし、西ドイツの経済大臣ルートヴィヒ・エアハルトは通貨改革を断行。「経済の奇跡」とよばれる復興を遂げる。

敗戦後の道は、1度目と2度目では、天と地ほどの差があった

第一次世界大戦の敗北後、ドイツはヴェルサイユ条約に基づく巨額の賠償責任を負う。その支払いのためにドイツの中央銀行は紙幣を乱発した。

これが発端となってハイパーインフレが起こり、社会情勢が不安定になった。その結果、ナチス政権を生み、再び戦争へ。

第二次世界大戦後は、東西に分裂するという悲劇に見舞われる。しかし、西ドイツは経済大臣のエアハルト（後に首相）が「社会市場経済」を実行、奇跡の復興を遂げる。

その後、東西が統一され、欧州経済の優等生となった。現在、ドイツはＥＵで中心的な役割を担っている。

統一を果たしたドイツとその後の発展

ベルリンの壁が崩れて念願の東西統一を果たすが、そこには経済格差という新たな問題が待ち受けていた。

ベルリンの壁

西ドイツ

エアハルト主導のもと、価格制限や配給制度を完全に撤廃し、自由競争市場の道を歩む。

東ドイツ

社会主義の道を進み、工業施設は国有化され、大きな土地は没収されて農民に配分された。

東西ドイツの統一

東西統一後、新たな経済発展が期待されたが、旧東ドイツの企業は競争力がなく次々と倒産。旧東ドイツ地域を中心に失業者があふれた。

ドイツの輸出額の
40%以上が自動車関連

現在のドイツ

EUの中心的な役割を果たしているドイツは、EUにおいて最大の国民総生産（世界第3位）と最大の人口を有する。とくに輸出が好調で、アメリカを超える輸出額を誇り、その多くは欧州との取引（70%以上）による。輸入も70%以上が欧州からのもの。まさにEU発展とドイツの経済は連動しているといえる。

ロシア

豊富な天然資源を活かし、成長を続ける

かつては社会主義経済だった

ロシア革命により誕生したソビエト連邦。その権力者レーニンは、政府がすべてを管理する「計画経済」を実行した。

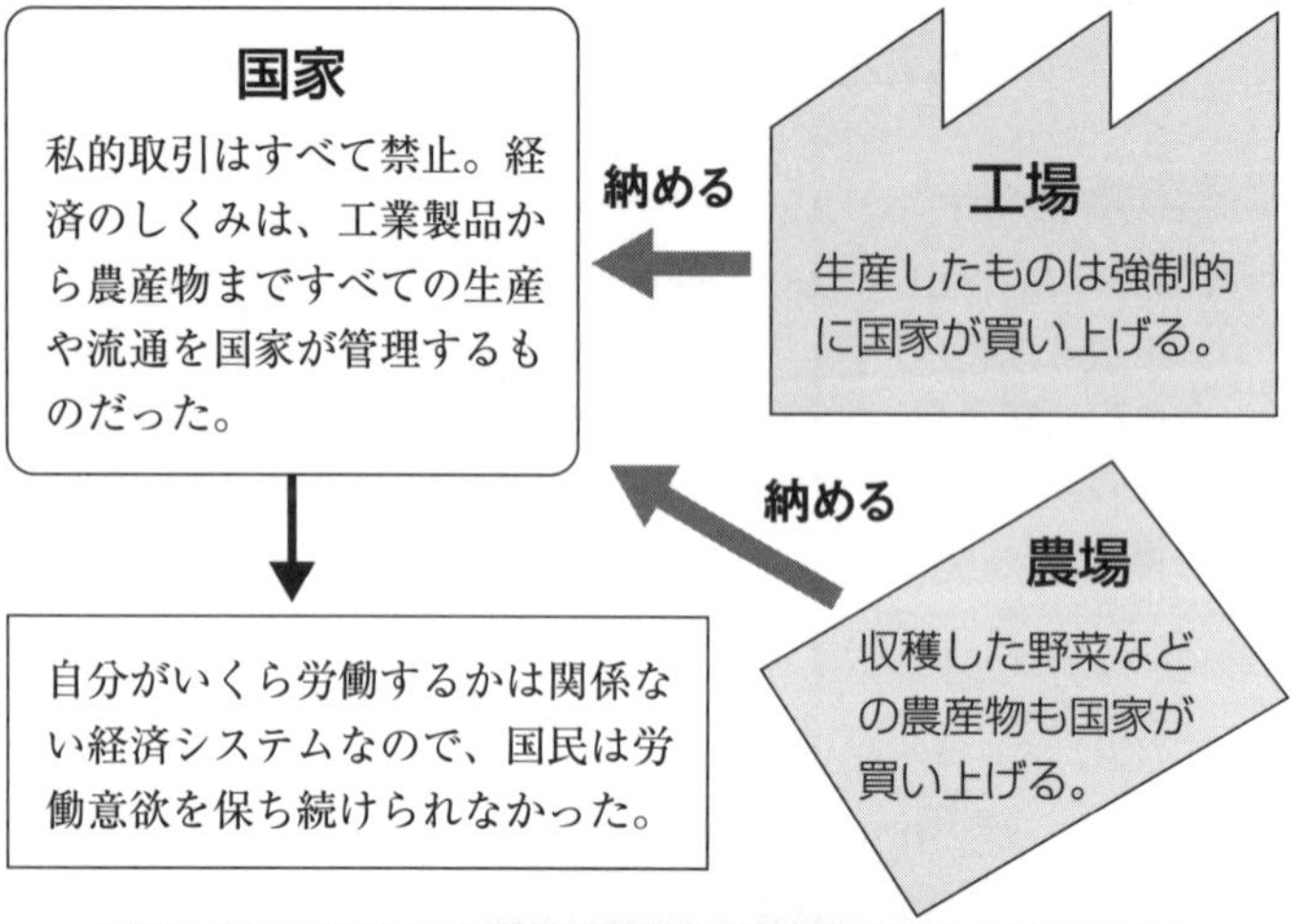

国家
私的取引はすべて禁止。経済のしくみは、工業製品から農産物まですべての生産や流通を国家が管理するものだった。
納める
工場
生産したものは強制的に国家が買い上げる。
納める
農場
収穫した野菜などの農産物も国家が買い上げる。
自分がいくら労働するかは関係ない経済システムなので、国民は労働意欲を保ち続けられなかった。

頑張ってたくさん作っても
給料が増えるわけじゃないし……

1917年のロシア革命により誕生した、世界初の社会主義国家「ソ連」は**計画経済**を実行する。それは、財やサービスを国が一元管理し、工場や農場などの生産品はすべて国が買い上げるというもの。しかし、国民の勤労意欲は削《そ》がれ、生産性が落ち込む。

国の経済破綻が見えてきたソ連は共産党支配から大統領制に変更、初代大統領のゴルバチョフはペレストロイカ政策を推し進めた。

だが、これが皮肉にも各共和国の独立機運を高め、ソ連は崩壊、計画経済から市場経済に移行する。競争力がないロシア経済は失速したが、豊富な天然資源を背景に、世界的な原油高の恩恵を受けて最近は急速に復興している。

経済が原油価格と連動して伸びる

世界最大の国土を有するロシアは天然資源の宝庫。国際原油価格の高騰を受けて収益力が大きく高まった。

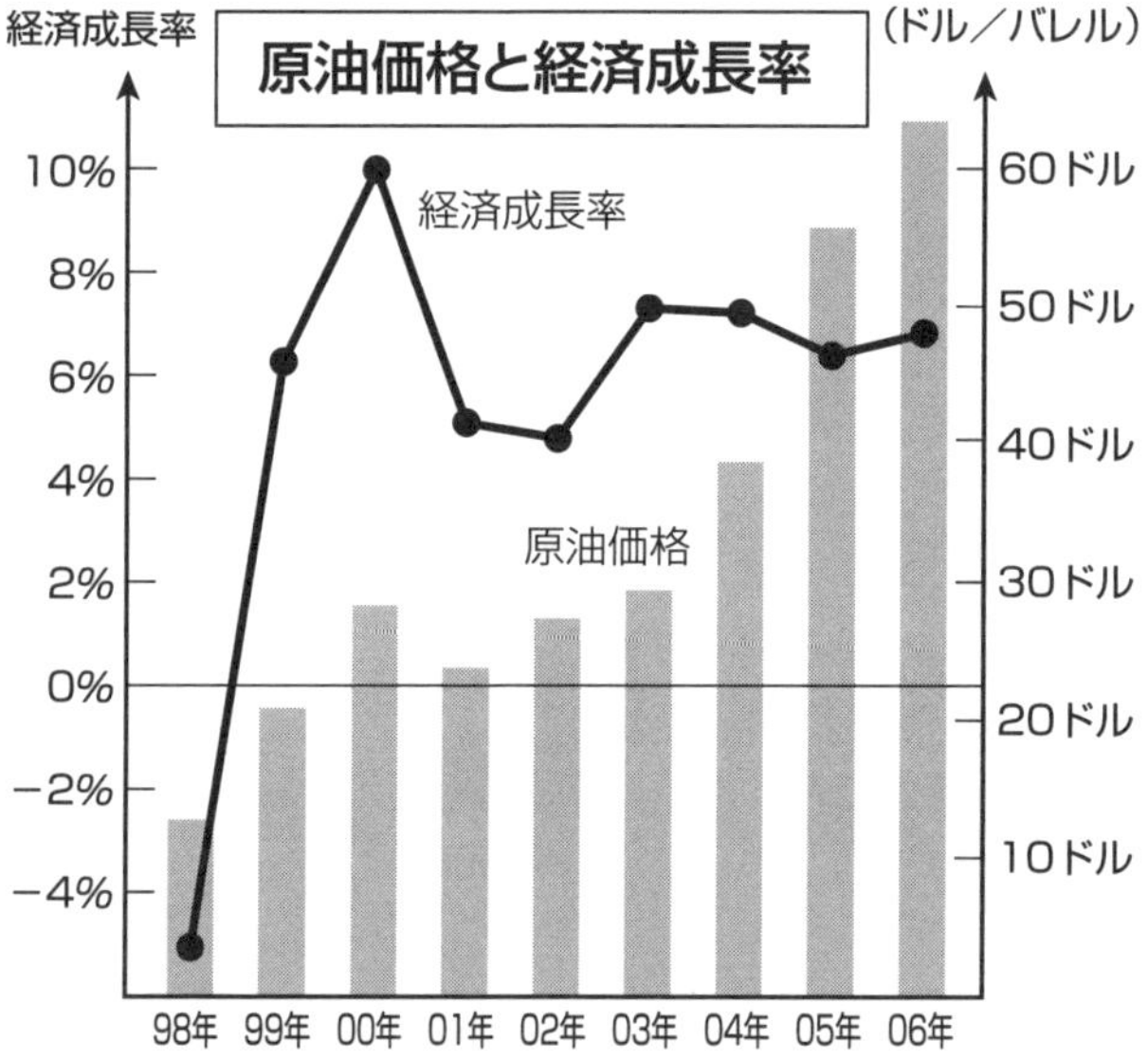

経済成長率
原油価格と経済成長率
(ドル/バレル)
10%
8%
6%
4%
2%
0%
−2%
−4%
60ドル
50ドル
40ドル
30ドル
20ドル
10ドル
経済成長率
原油価格
98年 99年 00年 01年 02年 03年 04年 05年 06年

(出典:外務省ホームページ、財務省「通関統計」より作成)

ロシアの原油生産量は世界第2位。天然ガス生産量および埋蔵量では世界第1位のエネルギー大国。豊富な天然資源を武器にロシアの総輸出額の約70%は、原油や石油精製品などが占めている。

多くの懸念材料も抱えている

ロシアは現在、長いあいだの計画経済体制から市場経済に移行する過渡期。原油高で経済は順調だが、未解決の問題も多々あり、将来への懸念材料も多い。

市場経済への対応

計画経済体制下にあった国民は市場経済に馴《な》染《じ》まず、生産性が上がっていない。経済が安定成長するには、国民の意識改革が課題だが、若い人たちの勤労感覚は、グローバル化に対応しはじめている。

人口減少への対応

ソ連崩壊の混乱で出生率が低下。また、厳しい自然環境で暮らすロシア人、とくに男性の平均寿命が短く、人口減少に歯止めがかからない。労働人口の減少を食い止めるには、移民の受け入れは必至だ。

天然資源依存への対応

経済が天然資源の輸出に依存しているため、市場価格の変動に左右される脆弱《ぜいじゃく》性を持っている。
早急に産業構造改革が求められており、高付加価値産業への転換が必要となっている。

南米

政治も社会も不安定、それでも経済は堅調に伸びる

たびたび経済危機に直面してきた

南米各国は政情が不安定で、さらにドルペッグ制を採用している国が多く、たびたび通貨危機に襲われた。

アメリカは、中南米諸国に多額の投資を行っている。それらの国々の経済危機は、アメリカにとっても、他人事ではない。

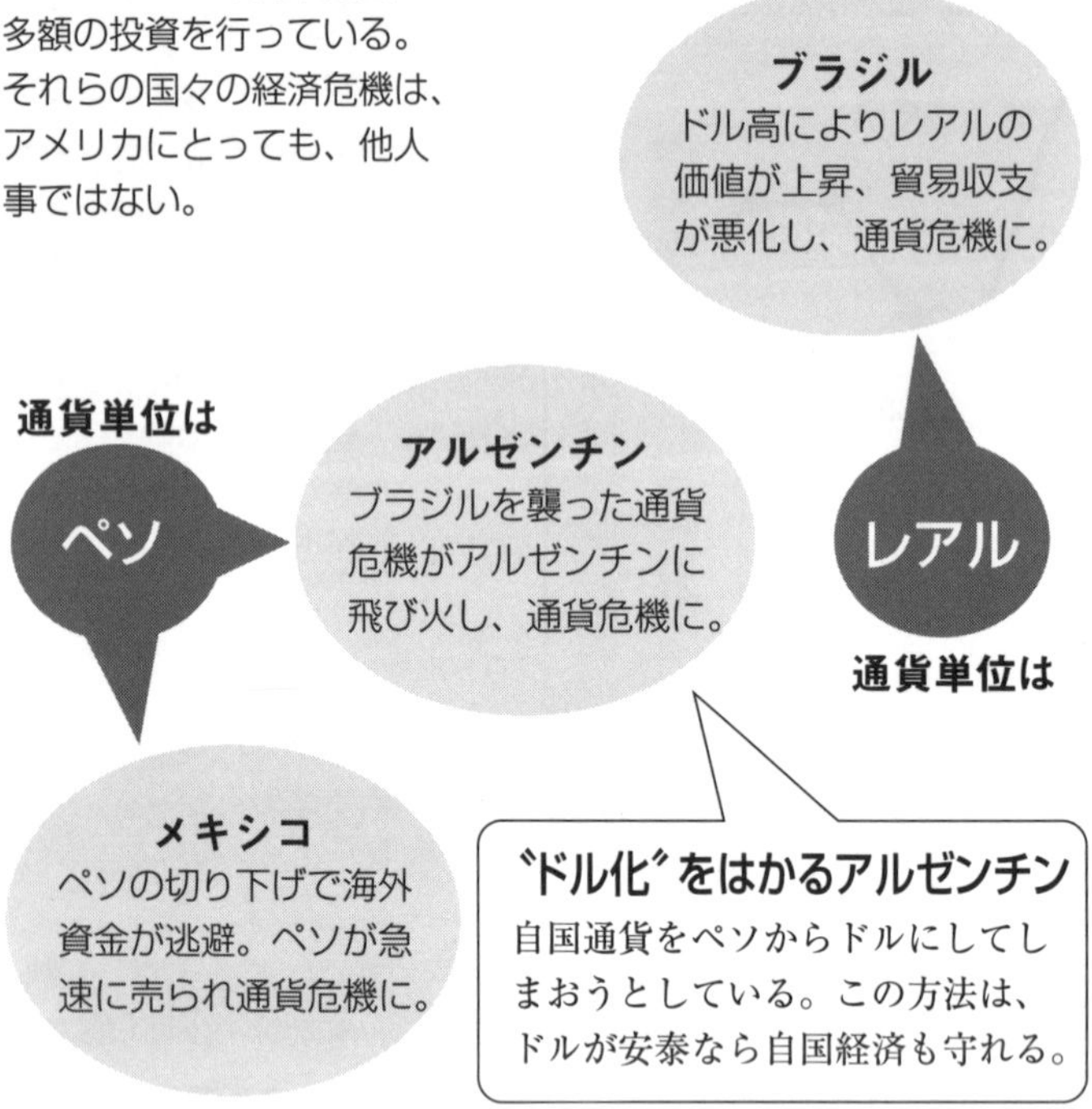

ブラジル
ドル高によりレアルの価値が上昇、貿易収支が悪化し、通貨危機に。
通貨単位は
ペソ
アルゼンチン
ブラジルを襲った通貨危機がアルゼンチンに飛び火し、通貨危機に。
レアル
通貨単位は
メキシコ
ペソの切り下げで海外資金が逃避。ペソが急速に売られ通貨危機に。
〝ドル化〟をはかるアルゼンチン
自国通貨をペソからドルにしてしまおうとしている。この方法は、ドルが安泰なら自国経済も守れる。

南米各国は幾度となく通貨危機に見舞われ、そのたびにアメリカから莫大な金融支援を受けてきた。南米はアメリカに支配されているという意識が強い。

たとえばブラジルは、輸出や輸入の4分の1以上が対アメリカで、対外債務の6割以上も米ドル建て。もろにアメリカの景気や金利に左右されることになる。

アメリカ依存型の経済から脱却しようと、1995年に発足したのが、メルコスール（南米南部共同市場）だ。

これによりブラジルの加盟国向け輸出が急進し、アメリカ向けの輸出額に迫る水準まで上昇した。

南米各国の貿易構造は対米依存型から域内依存型へ変化している。

世界各地の経済圏と関係を深めている

EUのように、南米にも自由貿易市場を作る構想がはじまり、世界規模で自由貿易協定（FTA）を締結し、アメリカ依存からの脱却をはかっている。

メルコスール

80年代後半にブラジルとアルゼンチンのあいだで持ち上がった経済統合構想をきっかけとして、1995年にパラグアイとウルグアイが加わり、4ヵ国で「メルコスール」が発足。現在は準加盟国も入れて10ヵ国に。

その他の経済圏との連携

世界各地の市場共同体との連携強化を推進。北米自由貿易協定（NAFTA）との連携が成立すると、世界最大（人口8億人、GDP12兆ドル）のFTA圏が誕生することに。この動向にEUも注目している。

ギアナ、スリナム、ガイアナの3ヵ国は未加盟
斜線部分がメルコスールの加盟国。南米地域のほとんどの国が加盟していることがわかる。

通貨危機は、深刻な経済の停滞をもたらす

LUNCH
MOTORCYCLES
大統領がペソを13%切り下げると発表しました

BRICs

世界の経済勢力地図を劇的に変える力を秘める

●•·BRICsは多くの成長要素を持っている·•●

BRICsが将来大規模な市場を形成し得る国として注目を集めている。その理由は、BRICs諸国共通の潜在能力の高さだ。

国土
生産要素のひとつである国土。ロシアは世界一の国土面積を誇るなど各国は広大な国土を保有している。

人口
労働力の源である人口。中国は、約13億人を抱える。BRICsだけで世界人口の約45%を占める。

天然資源
原油や鉄鉱石などの天然資源が豊富にある。ロシアは原油高で経済が急成長している。

豊富な生産要素は、日本など、海外からの投資によって有効活用されるようになった

ここ数年、中国をはじめとする高度経済成長を続けている国々に注目が集まっている。アメリカの証券会社ゴールドマン・サックス社は、台頭する新興国を、2003年の投資家向けレポートのなかで、**BRICs**という造語で紹介している。これはブラジル、ロシア、インド、中国の4ヵ国の頭文字を並べたものだ。

BRICs諸国には「国土が広い」「人口が多い」「天然資源が豊富」という、生産要素として欠かせない3つのアドバンテージがある。莫大な潜在消費力も持っているので、国内消費が伸びれば先進国からBRICs諸国への輸出が拡大するなど、より密接な経済関係が築かれると予想される。

日本のメリットとBRICsの今後

BRICsの存在は、日本も無視することはできなくなっている。今後、BRICsは順調に発展するのか。そのとき、日本はどのような影響を受けるのか。

日本のメリット

BRICs域内の経済が上向きになると、個人消費が伸びて、日本製の車や電化製品などの輸出が伸びる可能性が高い。通関統計を見ても2000年ごろから急増しており、5年連続で2桁の伸び率。輸出シェアも2倍と急進している。

日本のデメリット

BRICs 諸国は大量のエネルギー消費をまかなうために、エネルギー資源を一部輸入に頼っている。このため、世界的にエネルギー資源不足となって原油などが高騰。エネルギー資源を輸入に頼っている日本は、企業の収益悪化が懸念される。

BRICsが順調に成長すると

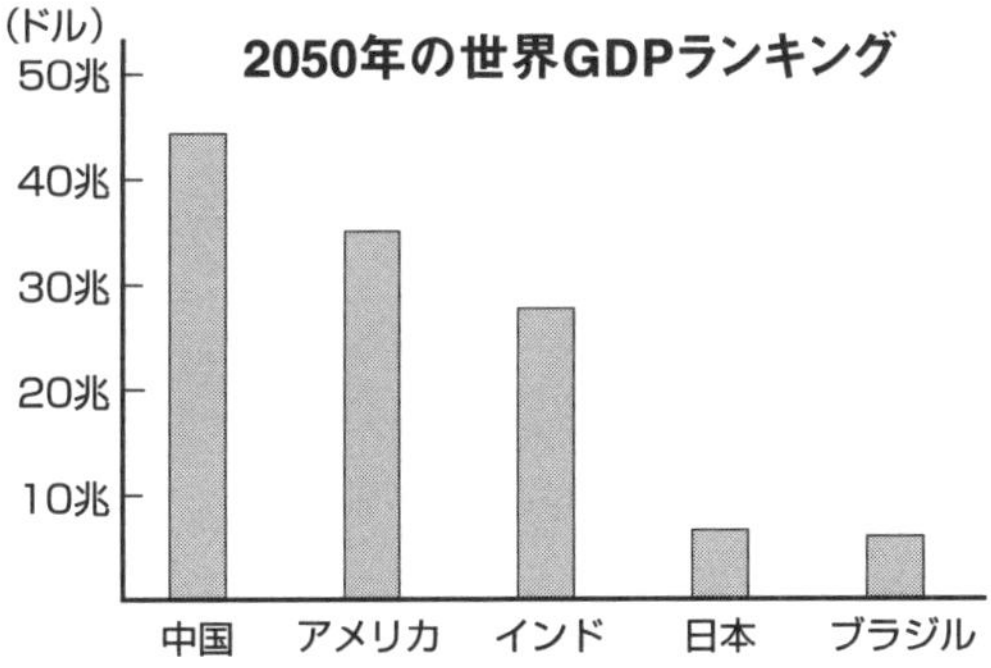

2039年までにBRICs 4ヵ国のGDP合計は米国、日本、ドイツ、英国、フランス、イタリア（G 6）の合計を上回り、2050年には中国、米国、インド、日本、ブラジル、ロシアの順になると予測されている。

（出典:Goldman Sachs, Dreaming with BRICs: The Path to 2050）

Column BRICsの「s」は南アフリカのこと?!

BRICsの「s」は英語の複数形を表すが、大文字のSにして南アフリカを加えることもある。南アフリカの景気は2005年の実質経済成長率で前年比4.9%増と拡大傾向にある。

これは、金や鉄鋼石、プラチナに対する世界需要が高まり、素材関連産業の好調が要因だ。また、2010年のサッカーワールドカップ開催に向けてインフラの整備が進み、ケープタウン沿岸部ではリゾート開発が進められ、経済状況は好調だ。

乱高下する原油価格と生産量不安定な市場を統制した

ロックフェラーが生まれたときのアメリカは、石油ランプの街灯が夜の街を照らし、暖房器具が家庭を寒さから解放しはじめた時代である。灯油などの石油製品の需要は急激に伸びていた。

ヘンリー・フォードが、安価なT型モデル車を製造すると、原油の生産は決定的に重要な産業へと成長する。

しかし、当時の原油価格は、非常に不安定だった。1バレル20ドルだった価格がたった2年で数十セントにまで下がるほど、変動も大きかったのである。

そのような原油市場に、秩序をもたらした男がいた。スタンダード石油の創立者、ジョン・D・ロックフェラーだ。

世界の富を手中にした巨人

ジョン・D・ロックフェラー

アメリカ
1839−1937

ライバル会社を容赦なく叩く大胆かつ冷徹な経営者だった

1856年、世界初の油田がペンシルベニアで発見された。周辺はさながらオイルラッシュの様相を呈し、そのなかに、ロックフェラーの姿もあった。

石油はどこで採掘されても、どこで精製されても、基本的には同じ製品である。ロックフェラーはそこに気づき、価格差を生むものは輸送費であると考える。

彼は鉄道会社と秘密契約を結び、輸送費の面で優遇が受けられるよう手を回した。その後、ロックフェラーは、ライバル会社を次々に吸収。採掘、精製、輸送、販売のあらゆる分野で支配を広げ、ついには世界の石油の90%近くを支配するようになったのだ。

第2章

生活することは経済活動を行うこと

出勤する、電車に乗る、タクシーに乗る。
これら普段の生活のなかの行動は、
同時に経済活動を行うことでもある。
経済学とは普段の活動を分析する学問なのだ。

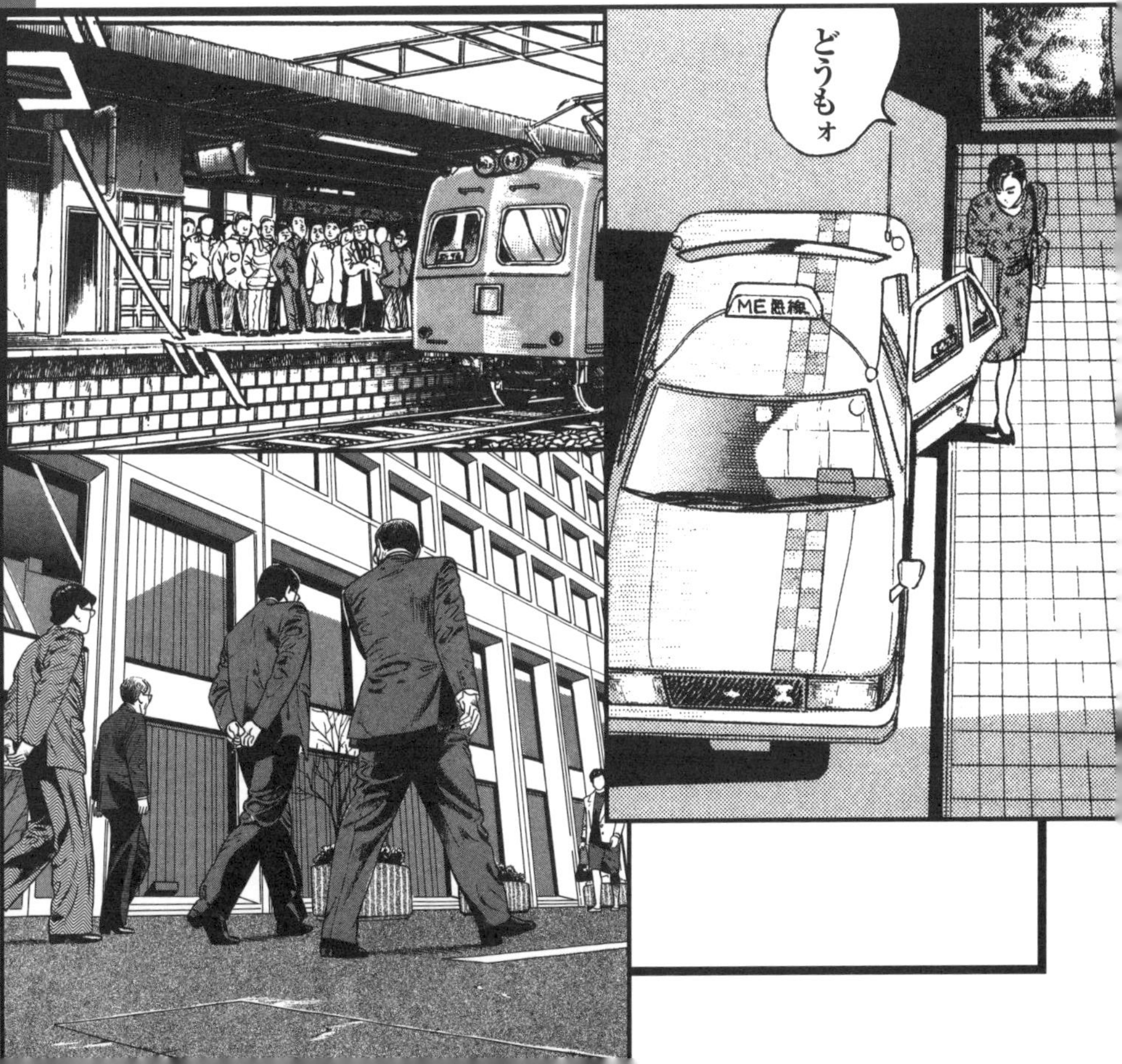

限りある資源をいかに無駄なく使うかを考える

「限定10個」「本日限り」という売り文句に、思わず反応してしまった経験はだれにでもあるだろう。これは「限りあるもの」に高い価値を見いだすという心理をうまく利用した手法だ。限りがあるものに対してほしがる人がたくさんいれば、たちまち売り切れになってしまう。経済学では、これを**資源の希少性《きしょうせい》**とよんでいる。

経済学での資源とは、石油などの地球的資源からはじまり、生産品や労働力、有形無形のサービスなどをさす。希少性とは、資源によって作られたものを手に入れたいと思う欲求だ。しかし資源には必ず「限り」がある。それに対し、人々の欲求は「無限」に膨らむ。すべての人がお金持ちになっても、全員が豪邸を建てられるわけではない。建築材や労働力などに限りがあるからだ。

限りがある資源だからこそ、効率よく大切に使う方法が必要だ。現代では需要（無限大）と供給（限りある資源）を市場取引によって調整する社会的なしくみが完成している。経済学とは、この市場取引のメカニズムを研究する学問といえるだろう。

効率よく資源を使うための3つの課題とは

社会には多様なニーズ（欲求）がある。しかし、資源は限られているので「なにを」「どのように」「だれのために」作るか、この３つの基本問題を考え、答えをだしていかなければならない。すべての人を満足させることは容易ではないが、この３つの選択次第で社会環境が大きく左右されるので、できるだけ正しい答えを導きだす努力が必要だ。経済学はその指針となり、社会の歩むべき道を照らす灯台となる。

お金で希少性の問題は解決できる?

宝石が高い価値を持つのは希少性があるからだ。ではすべての人がお金持ちになって、高価な宝石を自由に得られるようになったとしたら、希少性は解決するのだろうか。

もしお金持ちになったら
希少性の高い高価な宝石を自由に手に入れることができるので、一時的に宝石はバカ売れする。

希少性の問題は解決したかのように見える

宝石を掘る人がいなくなる
みんなお金は持っているので、労働意欲は保てず、宝石を掘ることをやめてしまう。

やる気あんのかオイ!

あ?
……
うん

生産が停止する
宝石を掘る人がいなければ、生産が滞り、過大な需要に対して供給が追いつかなくなる。

店頭からものが消える
生産ができないので、宝石はやがて店頭から消え、手に入らなくなる。つまり、希少性は解決しない。

希少性の問題は解決しない
お金があっても問題が解決しない。それは、希少性が資金(お金)の問題なのではなく、資源が限られていることが、問題だからだ。

このワインは生産量がとても少なく、年間500ケースしか造っていません
世界中でほとんど出回らないということになります
NUITS-ST-GEORGES
1988

「ヴィンテージ」ワインは、市場に出回ることが少ない希少価値の高い商品

自己責任の時代に、最善のものを選ぶ術を学ぶ

限られた資源をいかに有効に活用するか。経済学の基本概念のひとつである希少性は、さまざまな経済現象を引き起こす。そのひとつが**トレードオフ**だ。トレードオフとは、なにかを実現しようとするとなにかが犠牲になり、2つ同時に両立できない矛盾した関係（二律背反）をさす。

トレードオフの関係は日常生活でもよく経験する。たとえば、製品は消費者のニーズが反映されて作られる。そして消費者は安くてよいものを求める。だが、よいものを作るにはコストがかかる。「安い」と「よいもの」は本来、両立しない二律背反だ。しかし、用途を限定することで両者の関係を近づけることができる。

たとえば高機能のDVDレコーダーは高価だが、機能を限定することで使用する部品を少なくしてコスト削減ができる。つまり、「高機能」と「機能限定」のトレードオフの関係を見つめ、安価でありながら、そこそこ高機能な製品ができるわけだ。

なにが必要か、なにが無駄かを検証する経済学では、このようなトレードオフの関係を明らかにすることが重要になる。

見えないコストを浮き彫りにする機会費用

トレードオフをして選択しなかったことによる損失を「機会費用」とよぶ。たとえば、営業マンが得意先までタクシーを利用して1000円（10分）、一方電車なら200円（30分）。一見、経費の無駄遣いのようだが、営業マンの年収を時給換算して6000円と仮定すると、電車移動は3000円＋200円に対し、タクシーは1000円＋1000円。機会費用で換算すると、電車での移動は1200円の余分な（見えない）費用がかかっている。

どうだ
俺の派閥に
入らんか

ひとつの派閥に入ることは、ほかの派閥に入る機会を失うこと。
サラリーマンの権力争いにもトレードオフの関係がある

身の回りにもトレードオフの関係はたくさんある

すべてのもの（時間・もの・資源など）には限りがあり、私たちは絶えず選択をしながら生きている。経済学では選択しなかったできごとも機会費用として大切に考える。

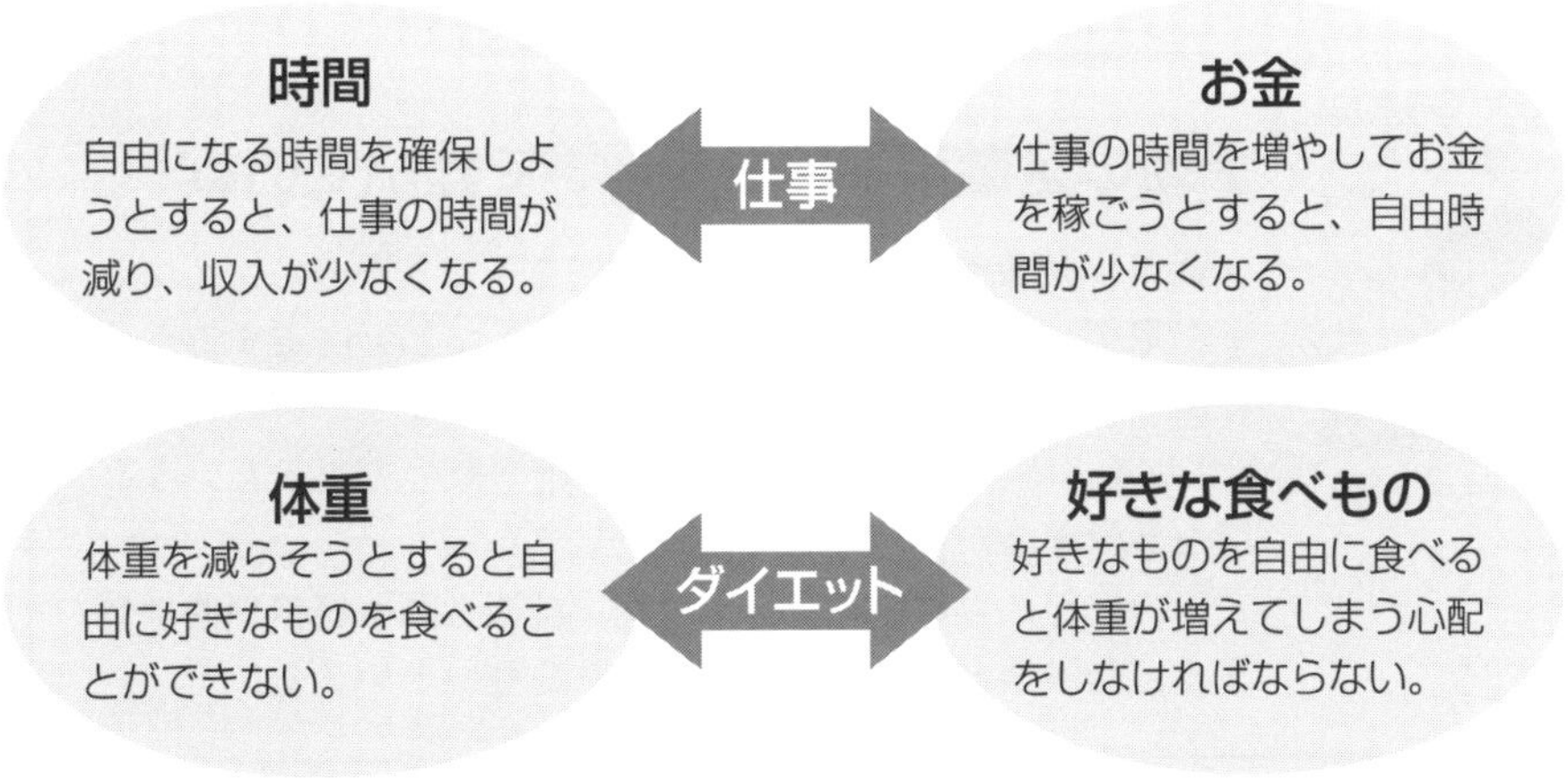
時間
自由になる時間を確保しようとすると、仕事の時間が減り、収入が少なくなる。
仕事
お金
仕事の時間を増やしてお金を稼ごうとすると、自由時間が少なくなる。
体重
体重を減らそうとすると自由に好きなものを食べることができない。
ダイエット
好きな食べもの
好きなものを自由に食べると体重が増えてしまう心配をしなければならない。

財政問題から環境問題まで、扱う分野は広い

経済とは、価値のある製品やサービスを生産して社会で分配するしくみのことだ。今日の経済は、生産・流通・消費のサイクルで動き、衣食住の物資やサービスなどは、経済活動があってはじめて受けられる。

貨幣が登場する以前の経済活動は、物々交換が基本的な手段だった。やがて貨幣が登場すると、売るために生産するようになる。産業革命や20世紀の情報通信革命を経て、商品の生産能力がアップすると市場も急速に拡大。現在では電子ネットワークを介して世界中の経済が結びついている。

経済は時代が進むごとに規模が拡大し、政治や社会の影響を受け、一定の周期で好・不況の波を起こしてきた。さらに、世界情勢とリンクし、複雑さを増している。経済学は、政治や社会、国際関係などが絡み合うさまざまな要素を取り込みながら分析し、経済の流れを読み解く学問である。そのため、守備範囲はとても広く、財政、金融、公共経済など政策面、企業組織や労働の側面、さらに経済史や経済発展など、経済活動のさまざまな局面の知識をリンクさせる必要がある。

最新の金融市場は数学理論で動いている

近年、金融市場において、盛んになってきたのが、オプション取引（P 133参照）だ。為替リスクなどを回避するために開発された取引手法のことで、このオプションの販売価格（プレミアム）を算出するために、確率微分方程式という高度な数学理論が使われている。

そのほかにも数学によって解明・証明された経済理論は数多く、経済学と数学の関連性は非常に強いといえる。

経済学のさまざまな領域

生活のあらゆる場面に「経済」は登場する。それぞれが高度な専門性を持ち、学問として成立している。

財政学
政府の経済活動が対象。道路などの社会資本整備から警察、教育、社会保障も重要なテーマとなる。

経済学史
アダム・スミスをはじめとする経済学者の考え、理論、思想の根拠を探り、経済学の歴史を検証する。

金融工学
金融商品の市場価格や企業信用力に連動した金融取引のリスクを減らし、効率的な利益追求を研究。

労働経済学
財やサービスの源泉である労働力を研究。学歴の意味、人材育成、終身雇用の今後などがテーマ。

開発経済学
国が発展する方法を、国の特徴的な経済現象と結びつけて考える。貧困問題解決の道筋になる。

ゲームの理論
競争市場では無数の意思決定が影響し合う。相互依存的関係での意思決定の選択パターンを分析。

環境経済学
環境問題発生のメカニズムを解明し、循環型社会を形成するための具体的な対策を示す、新しい学問。

国際経済学
国家間の経済活動を分析する学問。ものやサービスを扱う貿易と投資、金融面を扱う2分野からなる。

マクロ経済学
国単位で経済現象を分析する分野。景気や公共政策、為替、金利問題などを学ぶ。

ミクロ経済学
ものの価値を決める原理、利潤追求を行う企業活動、個人の消費活動などを学ぶ。

ミクロ経済学とマクロ経済学は経済学の根幹をなす要素

経済学の樹

歴史を学ぶと経済学はもっとおもしろくなる

経済学は古くから研究が重ねられてきているが、医学や哲学に比べると比較的新しい学問である。しかし昔から人々の生活を支えてきた学問である。

経済学の歴史

経済理論や思想の流れを見ることで、現在の経済学体系が生まれた背景が理解できる。

18世紀

産業革命により、ものの流通・消費スタイルが変貌した。

重農主義
フランスのケネーは、すべての富は農業から生まれ、貿易を通じて農民からほかの階層へ富が分配されていくという考え方を提唱した。

アダム・スミスの経済学
当時ヨーロッパで主流だった重商主義を否定。自由放任主義・自由貿易が富の生産と分配に最も有効である、という近代経済学の基礎を築いた。

アダム・スミス
1723―1790年

「比較優位」の理論を構築した古典派の始祖
リカードは、「比較優位」（P164参照）という言葉を使って自由貿易を唱えた。それぞれの国が得意なものを生産し、貿易することで、世界が豊かになるという考え方。

カール・マルクス
1818―1883年

Column 資本主義の終焉《しゅうえん》を予言したマルクス

資本主義経済が発展すると社会に問題が生まれた。資本家階級と労働者階級という格差社会が、さまざまな矛盾を生みだしたのである。マルクスは古典派経済学を分析、資本主義の矛盾を『資本論』で説いた。

社会構造の変化で、やがて労働者階級と資本家階級の立場が逆転、資本主義は社会主義に置き換わると予言した。しかし社会主義は1990年代にほぼ消滅、予言の証明はできなかった。

ケンブリッジ学派

師に反目し、ケインズ革命を成し遂げる

供給が需要を作るという古典派の教義に対して、「需要が供給を作る」という理論を提唱。ケインズ革命とよばれた。

**ジョン・メイナード・ケインズ
1883−1946年**

厚生経済学の分野を作り上げた

ケインズとの論争で、古典派を最後まで擁護したピグー。「厚生」をテーマとした厚生経済学の始祖となる。

「需要」と「供給」の均衡理論の登場

近代経済学の主流である、ケンブリッジ学派が担ったのが需要供給理論。
学派の始祖、マーシャルが説き、ミクロ経済では必須となっている。弟子に厚生経済学を提唱したピグーと、ケインズ経済学を築くケインズがいる。

**アルフレッド・マーシャル
1842−1924年**

人に歴史あり、街に歴史あり
経済学に歴史あり

19世紀

機械化で生産性が上がり、消費を楽しむ時代に。

「限界」という概念の登場

1870年代、ジェボンズ、メンガー、ワルラスの3人が同時期に類似した「限界」理論を展開した（P74参照）。それぞれの概念は、のちの経済学の確固たる方向づけを示し、限界革命とよばれた。

市場に任せる新古典派か、政府介入もあるケインズ学派か

経済学の父とよばれているアダム・スミスは「神の見えざる手」と表現される市場に対する考え方を示した。それは、市場価格は需要と供給を反映して自由に動く（市場原理主義）というもの。経済学は長いあいだ、この思想を忠実に追求してきた。市場では価格が弾力的に動くので、政府の役割はそれを阻害する要因を取り除くことに専念するだけで、経済は均衡して発展していくという考えである。この考えをもとに体系づけられたものが**新古典派経済学**だ。

この思想に異議を唱えたのが**ジョン・メイナード・ケインズ**だ。彼は、市場は自力で機能するものではなく、政府などが市場の需要を意図的に調整することで、企業の生産活動を活発化する必要があるとした。つまり、労働需要を喚起すれば、労働者の所得が増え、市場が活発に動くというのだ。

両派の違いは、市場における価格決定の考え方にある。それは需要重視と供給重視の違いでもある。現代は、この2つの経済思想が主流となり、研究が進められている。

「神の見えざる手」が市場を動かす

アダム・スミスは『国富論』のなかで、利己心による自由競争は「生産と消費」を過不足のない状態へと自動的に導く、という考えを示している。人間は利己中心的に行動するが、道徳観念が形成されると、第三者の共感を得たいと思う。そして自然に調和的な秩序が形成される。その作用を、「神の見えざる手」と表現した。

新古典派経済学の源泉は、道徳哲学の延長にあったのだ。

ケインズは経済学の常識を覆した

供給重視に対し、需要重視。ケインズと古典派は真っ向から対立した。

アダム・スミスの自由放任主義

経済において国家は小さな政府であるべき。市場に介入することなく、自由な経済活動を擁護する。これを自由放任主義（レッセ・フェール）という。自由競争で「神の見えざる手」が働き、最大の繁栄がもたらされるという考え方だ。

- **■市場に任せておく**
- **■長期で考える**
- **■失業者は存在しない**

ケインズの総需要管理政策

政府が市場に介入して需要を増やす経済政策のこと。政府が公共投資などの財政政策、金利調整などの金融政策を積極的に行い、需要を刺激することで、GDPを増加させることができるとした。アダム・スミスの自由放任主義とは相反する考え方。

- **■政府の介入が必要**
- **■短期で考える**
- **■需要が供給を生む**

ケインズの登場は、ケインズ革命とよばれるほど衝撃的な「事件」だった

Column マネタリズムやニューエコノミー論など新しい考えが出てきた

経済の安定には「貨幣供給」が欠かせないとする考え方が「マネタリズム」だ。しかし、1990年代のアメリカの経済活況はこれでは説明できず、「ニューエコノミー論」という考え方が提唱された。

従来、景気は回復と後退、好況と不況を交互に繰り返すものだが、この時期のアメリカでは長く好況が続き、5％を超える成長率を実現した。これは、従来の景気循環にとらわれない新しい現象だった。

経済活動から生まれるのは形のある財と形のないサービス

日常生活を営むとき、お金が必ずかかわってくる。経済用語では、食料品・洋服などの形のあるものを**財**、映画鑑賞や旅行、医療などの形のないものを**サービス**と表現して、分類している。

財やサービスにはお金のやりとりが伴うことから「経済財」とよばれる。これに対し、だれでも対価なく自由に入手できるもの、たとえば空気などは「自由財」とよぶ。2つの違いは希少性で区別される。空気は大量に存在し、あえて生産する必要がないので買う必要もない（希少性なし）。しかし同じ空気でも、スキューバダイビングなどに使う酸素はボンベという形で購入する（希少性あり）ので、経済財となる。

経済財は、だれかの労働があるからこそ希少性がある。民間企業と公的な機関が生産・供給するものは、「私的財」「公共財」に分けられる。これらは購入者によってさらに分類される。たとえば個人で車を購入すれば「消費財」、企業が購入すれば「生産財」となる。

財・サービスを細分化することで、経済の複雑な流れが、わかりやすくなる。

アーティストのコンサートなど、形のない商品はサービスに分類される

財はさまざまな種類に分けられる

個人の生活にかかわってくるものは、ほとんどが消費財に含まれている。消費財はさらに耐久財と非耐久財に分類できる。

<table>
<tr><th colspan="4">経済財</th><th>自由財</th></tr>
<tr><th colspan="3">私的財</th><th>公共財</th><td rowspan="3">需要より供給がはるかに上回っている財。希少性がなく、価格がないので自由に手に入れられる。</td></tr>
<tr><th colspan="2">消費財</th><th>生産財</th><td rowspan="3">道路や消防など公共機関が作る財やサービス。競合せず、排除できない性質がある。</td></tr>
<tr><th>耐久消費財</th><th>非耐久消費財</th><td rowspan="2">製品やサービスを生産するために購入・使用する原材料や部品、設備など。</td></tr>
<tr><td>自動車や家電、家具など長期にわたって使用される商品。</td><td>想定耐用年数が１年未満、あるいは比較的購入価格が安い食品や衣類。</td><td></td></tr>
<tr><td>たとえば……

電子レンジなど</td><td>たとえば……

Tシャツなど</td><td>たとえば……
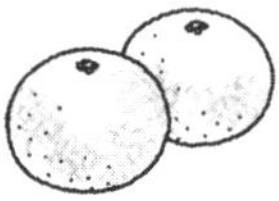
ジュース用のミカンなど</td><td>たとえば……
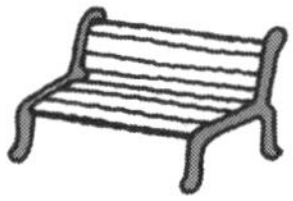
公園のベンチなど</td><td>たとえば……

太陽の光など</td></tr>
</table>

みんなで使うものは、だれがお金をだす？

フリーライダーとは「タダ乗り」のこと。費用を負担せず、施設の便益を受けることをさす。

たとえば、商店街で各店舗が費用を負担し合い、公共駐車場を造ることに。しかし「自分の店に駐車場は必要ない」とある店舗が負担を拒否。しかし実際に駐車場が完成すると、負担しなかった店舗に訪れる客が駐車場を利用していた、などだ。公共財の橋などを造るときも、この問題が起こる。

人、道具、場所がなければ、なにも作れない

人々が財・サービスなどの経済財を得るには、希少である生産資源を使わなくてはならない。生産資源は、働く人（労働力）、生産する機械や道具（資本）、生産する場所（土地）の3つの要素に区分できる。

労働力は、生産するための能力や技能を持った人たちのこと。その質や量は一定ではなく、人口増加や戦争などの社会情勢によって変化し、生産力が変動してしまう不安定要素となる。

資本は、財・サービスの生産に用いられる機械や工場、生産設備などのこと。この資本は、人間の生産活動によって作られる。たとえば、営業車は他の資本を使って製造されたもので、資本は形を変えながら多様な産業を渡り歩く。なお、生産に必要な道具や機械を購入するための資金は「金融資本」として分類される。

土地は、工業地や商業地、農地、森林、鉱山、漁場など所得を生みだす、すべての不動産。労働力確保のためには立地条件が限られ、希少性が高い。これら生産要素には、労働＝賃金、資本＝利潤、土地＝地代が報酬として支払われる。

新しいマーケットを起業家が切り開く

生産要素のひとつ「労働力」のなかに、起業家は含まれない。それは、起業家は新しい事業を立ち上げ、利益を求めリスクを引き受ける特別な存在だからだ。労働者は企業に利益をもたらすが、直接的なリスクが降りかからないように保護されている。

起業家が活動することで、大きな発展、成長性を秘めた、新しいマーケットが生まれる。

成功への向上心が起業家を突き動かす

事業には、失敗して倒産する可能性も大きい。しかし起業家は、リスクを負うことを承知のうえで、成功に向けて動く。

新しくソフトウェアを作る会社を立ち上げる場合

起業家

起業家は倒産や借金などのリスクを引き受けて会社を立ち上げる。

土地

オフィスを借りる

労働者が働くための場所であるオフィスを借りたり、自分で土地を買い、ビルを建設したりする。

地代

オフィスの賃借料や、土地の利用代金を、地代として支払う。

労働力

優秀な人材を雇う

プログラマーやエンジニア、また総務の人など、会社の経営に必要である優秀な人材を雇う。

賃金

労働力を提供してくれた人に対して、対価として賃金を支払う。

資本

パソコンや事務用品を買う

ソフトウェアの開発に必要であるパソコンや、電話・ＦＡＸ、コピー用紙などの事務用品を買い入れる。

利潤

事務用品等の購入代金を支払う。これは販売した側から見ると利潤となる。

どうしたんだ？こんなところによびだして
転職しようと思っています よい条件で声をかけられて

現代は人材の動きが激しい転職の盛んな時代。優秀な人材がいたとしても、引き止めておくことは難しい

グローバル化の波のなかで経済は変わった

資本や労働力が国境を越え、貿易や海外への投資が増大して、経済は世界的な結びつきが深まっている。

アメリカ流の資本主義が広がっている

グローバル化には、公正で自由な競争ができる経済環境が必要だ。そのため、各国はいろいろな規制を外して、国境を越えて資本や労働力が自由に往来できるようにした。その結果、世界規模の経済競争がはじまっている。

規制緩和
いろいろな意味で守られてきた国内企業だが、貿易や投資に関する規制がなくなり、海外企業が取引に参入。

市場開放
規制緩和による自由な取引で市場は国際色豊かに。保護されていた企業は国際競争の渦のなかへ。

競争激化

さらにこんな変化も……

金融のグローバル化
規制緩和・市場開放により、貿易額が増え、世界規模で活動する企業が増えた。その際、国ごとの金融規制が強いと、自由競争の障害になる。そこで預貯金や投資、資金調達などを制限する規制が緩和された。

世界規模のM&A
国際競争が激しくなると、各産業分野の再編がはじまった。その結果、お互いの不得意分野を補完するような買収・合併が盛んに。
短期に効果を上げる事業拡大戦略として位置づけられている。

TOB(P128参照)を
実施したいが

島耕作も、海を飛び越えての買収交渉に乗りだす！

われわれもそれが
ベストの方法だと思う

地域の経済もまとまってきた

経済的なグローバル化が進む一方で、政治・経済・文化・軍事などの地域性を踏まえた統合もはじまっている。通貨が統一され、経済的には国境という概念が存在しない地域も出てきた。

①EU
欧州連合
フランス、オランダ、イタリア、ドイツなど27ヵ国

②OPEC
石油輸出国機構
イラン、イラク、クウェート、サウジアラビア、ベネズエラなど10ヵ国

③AFTA
アセアン自由貿易協定
ブルネイ、マレーシア、フィリピン、シンガポール、タイなど10ヵ国

④APEC
アジア太平洋経済協力会議
アセアン、北米、南米、オセアニア、アジアなど太平洋に面した21ヵ国

⑤NAFTA
北米自由貿易協定
米国、カナダ、メキシコ

⑥メルコスール
南米南部共同市場
ブラジル、アルゼンチン、パラグアイ、ウルグアイなど10ヵ国

貿易の自由協定を結べば、自由にものをやりとりできる

コンビニ、インターネット上、すべての場所が市場になる

経済学でいう**市場**とは、魚市場や株式市場のような具体的な場所をさすだけでなく、「売りたい」と思う人と「買いたい」と思う人が集まる場所すべてを含む。食料品や家電などの具体的な商品はもちろん、美容院や映画館などのサービスを提供する空間、そして野菜と魚を物々交換する場合も、取引が成立すれば市場となる。

市場には「循環」という共通概念がある。たとえば、あなたが自動車会社に勤めているとする。自動車組立作業に携わることで報酬をもらう。仕事で得た収入を使い、スーパーで食料品を購入。その食料品は、あなたの勤めている会社が生産した車で運搬されている。すると、あなたの給与には、あなたが買いものをするスーパーが購入した車の代金が含まれていることになる。

すべての市場は、売り手と買い手が取引することで、財やサービスが往来する。このような動きをするのは、すべての人が売り手（会社に労働力を売ることで給与が発生する）と買い手を兼ねている（依存し合っている）からだ。

「個人」はさまざまな役割を演じる

経済学では生産市場（企業）・労働市場（労働力）・資本市場（金融）と、市場を3つに分類している。ものを作ったり、売ったり、買ったりするとき、すべての市場が機能しなければならない。その中心に存在するのが「個人」だ。

個人が財やサービスを購入するときは「消費者」、生産市場で働く場合には「労働者」、得た収入で事業に資金を投資するときは「投資家」。3つの市場を支える役割を果たす。

中国は13億人もの人口を抱える巨大なマーケットだ
絶景!

市場のしくみと種類

市場では需要と供給に応じてさまざまな取引が行われ、「人・もの・金」が動く。その流れやしくみを観察し、より高度なシステムを構築するのが経済学の役割だ。

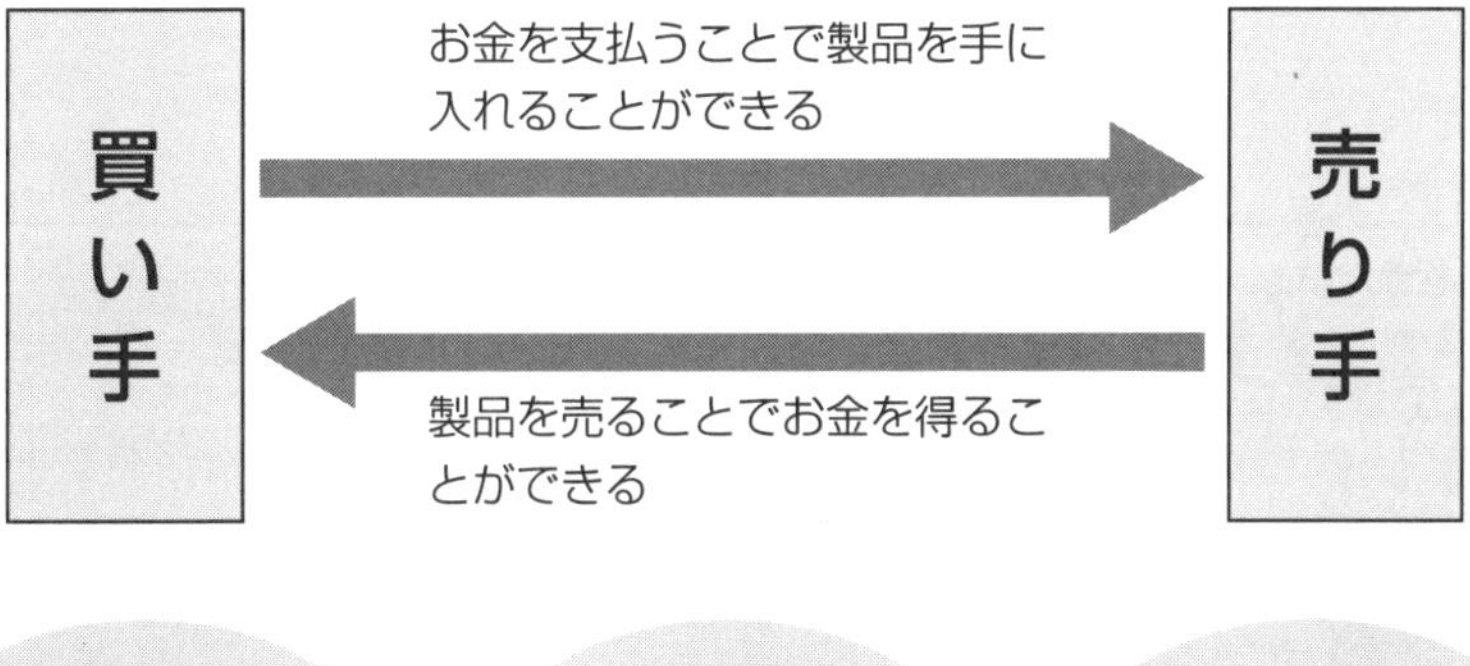
買い手
お金を支払うことで製品を手に入れることができる
売り手
製品を売ることでお金を得ることができる

労働市場
労働サービスを提供し、その対価として賃金を得る。

資本市場
企業が資金を調達したり、個人が投資したりする。

生産市場
企業は財を生産し、消費者がそれを消費する。

グローバルスタンダードの市場経済にも問題がある

衣食住は人が生きていくための基本だ。これらは常に希少性に直面している。市場は「なにを」「どのようにして」「だれのために」生産するかの意思決定をしながら、財やサービスを生産している。さらに、意思決定の方法論の違いで、市場経済、指令経済、伝統経済の3つの経済システムに分類することができる。

市場経済は、経済のいろいろな問題を市場の取引に任せて解決させる制度だ。市場では自由競争が起こり、一番効率のよいところで取引が成立するため、皆が納得できる社会が形成される、という考え方だ。

指令経済は、国家によって計画的に経済問題を解決しようとする制度だ。財やサービスの生産を自由に任せるのではなく、国が計画を立てて指令を発する。個人の考え方は反映されにくい。

伝統経済は、生産や分配などの主要な経済活動を、慣習や文化に基づいて行う制度だ。集落や村落などの小規模な集団でこのタイプの経済システムが息づいている。生産活動は、集団の文化によって定められるため、予測可能性が高く、継続的かつ安定的な供給が維持される。

資本主義の原理が市場経済を動かす

資本主義経済は、国家が経済に介入せず、経済活動を市場に任せるシステムで動いている。個人や企業などは自由に取引を行えるが、その分、自己責任が求められる。

多数の売り手と買い手が参入して競争原理が働き、そのなかで自分に有利な取引条件を選択する。

この選択の度合いで市場が動き、さらなる競争原理が働いて、需要と供給は柔軟にバランスをとっていく。

どのシステムにもよい面と悪い面がある

経済を絶対的に安定させ、全員に利益が配分されるしくみは、いまのところ、まだない。どのシステムにもメリット・デメリットがある。

市場経済	指令経済	伝統経済
メリット	メリット	メリット
○自由度が高い ○政府の介入が少ない ○社会情勢の変化に柔軟に対応できる ○意思決定も自由 ○財やサービスが多様化 ○消費者の満足度も高い	○意思決定が早い ○短期間に国の方向性を変えることができる	○個人の役割が明確 ○安定的で継続性がある ○ある程度予測可能な生活が送れる
デメリット	デメリット	デメリット
○生産性の高い資源に報酬が集中してしまう ○格差社会が生まれる ○市場の失敗が起こる	○自由度が低い ○個人の考えが反映されない ○市場に多様性が少ない ○労働意欲が低い	○伝統的な風習・考え方以外のものを排除する傾向がある ○市場は停滞しがち

価格競争は市場経済のひとつの側面

決済機能がさまざまな地域との貿易に欠かせなかった

マルコ・ポーロはアジア諸国を旅し、『東方見聞録』にまとめた。その内容はヨーロッパの人々にとって、にわかには信じがたいものだった。

アジアではすでに、火薬や羅針盤が開発され、製紙技術も進んでいたのである。このような情報がもたらされたこともあって、ヨーロッパと中近東、アジアとの貿易が盛んになっていく。

貿易が盛んになると、必然的に決済の問題が発生する。当時の銀行業は、主に両替商のことであった。地中海という、重要な貿易ルートをおさえていたイタリアに、メディチ家という巨大銀行家が現れたことは、必然といえるだろう。

世界の富を手中にした巨人

コジモ・デ・メディチ

イタリア
1389−1464

事業を拡大、「フィレンツェの君主」に

メディチ家のなかでも、最もその繁栄を謳歌したのは、コジモ・デ・メディチである。隆盛を極めるイタリア銀行業界のなかにあって中心的な位置を占め「イタリアの父」とよばれた。コジモは、銀行業のみならず、貿易、外国為替、絹や鉛の流通など、さまざまな事業にも進出していく。

コジモを語るうえで、欠かせないのが、芸術後援者としての顔である。イタリアには数多くの画家、彫刻家、建築家がおり、コジモは彼らの熱心なパトロンになったのだ。この行為は、のちのちまで引き継がれ、メディチ家はルネサンス開花の一翼を担うことになる。

第3章

買い手と売り手の思惑で値段が決まる

——ミクロ経済学の基礎——

普段、私たちはなにげなく、ハンバーガーや果物など、種々の商品を購入している。では商品の値段は、どのように決まっているのか。

買い手は、安い値段でたくさん買いたい

経済が動くひとつの要因に、消費者の「ものがほしい」という気持ちがある。「パンを食べたい」「映画を見たい」などは、経済学ではパンや映画が需要されているという。しかし、支出できる金額が限られているため、消費者は需要を価格などによって制限している。

だが、ある条件が加われば需要が拡大することがある。それは価格の下落だ。たとえば、1缶100円のビールを5缶買っている人は、20％オフになったら6缶に増やすかもしれない。もちろん値上がりして、5缶が4缶になることもある。このような価格と需要量の因果関係を表したグラフを**需要曲線**という（左ページ参照）。

需要曲線は、縦軸に財・サービスの価格、横軸に財・サービスの需要量をとることが慣習になっている。価格が下がれば必ずしも需要が増えるということではないが、価格以外の条件を一定とみなし、価格と需要の因果関係だけを見る。グラフが、右下がりになっていることが特徴だ。

経済学では因果関係による変化の度合いをおさえたうえで、効率よく販売できる状況を観察することが大切になる。

所得効果と代替効果が需要量を変化させる

ビールと発泡酒は同じような用途だ。いまビールが200円、発泡酒が100円と価格差があるとする。もしビールが半額になると、2倍のビールを買うことができ、おいしいビールの需要が増える。これを価格下落に伴う「所得効果」という。

一方、発泡酒はビールと比較して相対的に高くなった。いつも発泡酒を買っていたが、同じ値段ならビールを購入する。これを「代替効果」という。

グラフは右下がりになる

需要量は価格とともに変化する、そのことを表したのが下のグラフだ。縦軸から水平線を引いて、曲線と交わる点が需要量だ。

たとえばパンの需要の例で考えてみる

需要曲線のグラフ

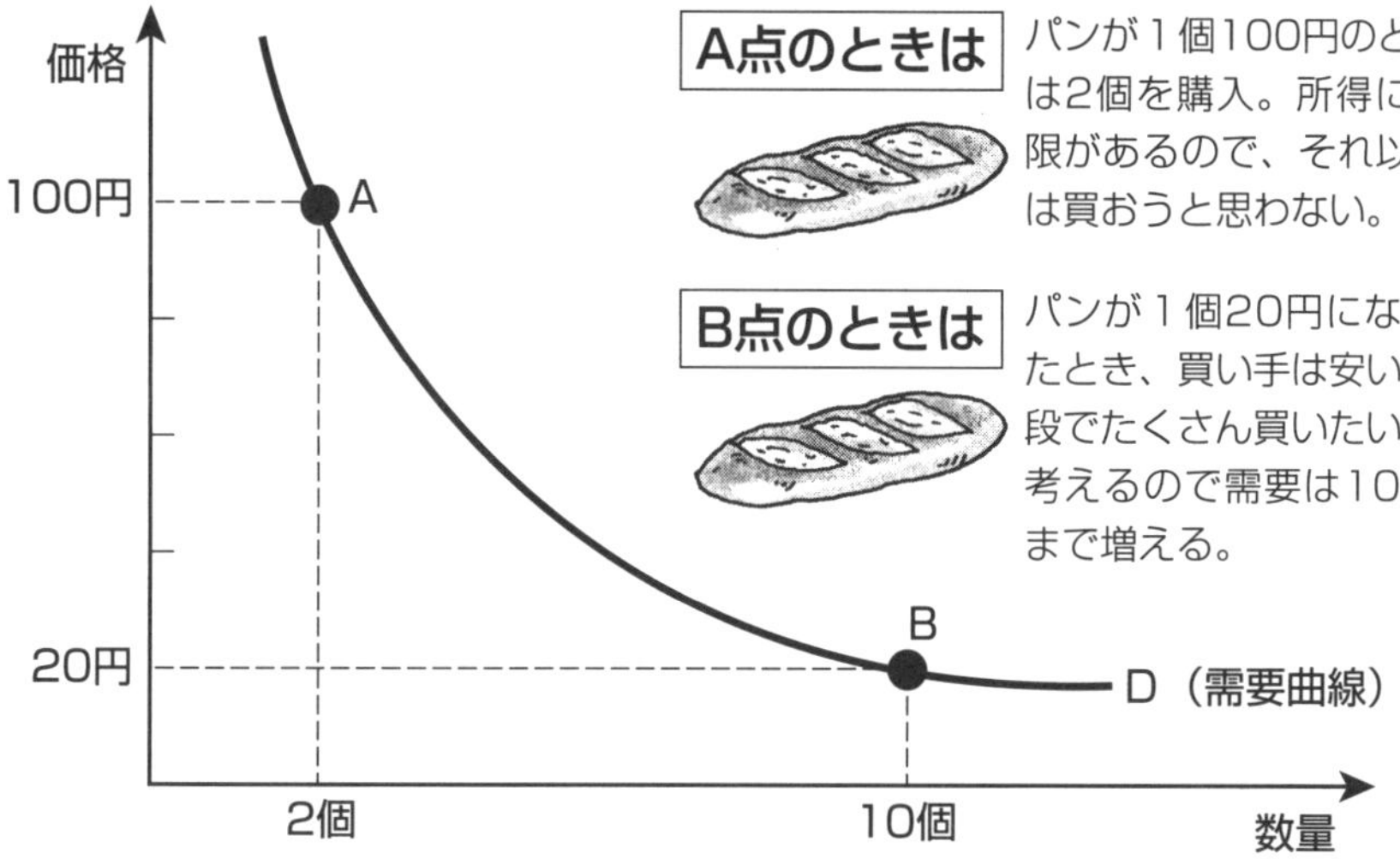
価格
100円
20円
A
B
D（需要曲線）
2個
10個
数量
A点のときは
パンが1個100円のときは2個を購入。所得に制限があるので、それ以上は買おうと思わない。
B点のときは
パンが1個20円になったとき、買い手は安い値段でたくさん買いたいと考えるので需要は10個まで増える。

バーゲンフェアのときは多くの人がおし寄せる。
価格が下がり、需要が増加する一大イベント

スプリングフェスタ
スプリングフェスタ
スプリングフェスタ
スプリングフェスタ

ふところ具合や世間の流行が需要を変化させる

　需要曲線は価格と需要量の関係を示したもの（P63参照）。価格に対して需要量がどう変化するかを見るにはとても便利だが、価格以外の条件がすべて一定の場合という条件つきのグラフである。

　現実社会ではさまざまな条件が需要に影響を与えている。たとえば、所得が増えると週に5缶のビールを買っていた人は、7缶買うかもしれない。ワインが健康によいとブームになると、多少高くても手に入れようと購買意欲がわく。このように、価格以外の条件が変化して需要全体が増大すると、需要曲線は右上方向にシフトする（左ページ参照）。逆に所得が大幅に減ると需要全体が減少して左下方向にシフトする。

　需要曲線は経済の流れを知るうえで基本的な指標になる。「安くなったからもっと買おう」という気持ちが曲線上の動きになる。「流行しているから買おう」という気持ちは曲線自体の動きになる。この2つは、同じ需要曲線でも意味がまったく違う。この違いをしっかりと区別して見つめ、あとに出てくる「供給曲線」と併せて考えることで、経済のしくみがよく見えてくる。

需要を変化させる要因はほかにもある

「補完関係」にあるものの需要が変化すると、もう一方の需要も変化することがある。たとえば、プリンターとインクは補完し合い、プリンターが売れるとインクも売れる。

　また「代替関係」にあるものも需要を変化させる。発泡酒はビールより安いから売れているが、ビールの価格が下がるとお互いの需要に変化が起こるだろう。このように、需要曲線が動く理由は、複数の因果関係が絡み合っている。

ふところが暖かくなれば
財布のひももゆるくなる

需要はさまざまな要因で変化する

引き続きパンの需要の例で考えてみる

需要曲線のグラフ

曲線Dは、価格以外の条件が変化して需要全体が増大すると、右上方向にシフトする。需要全体が減少すると左下方向に動く。

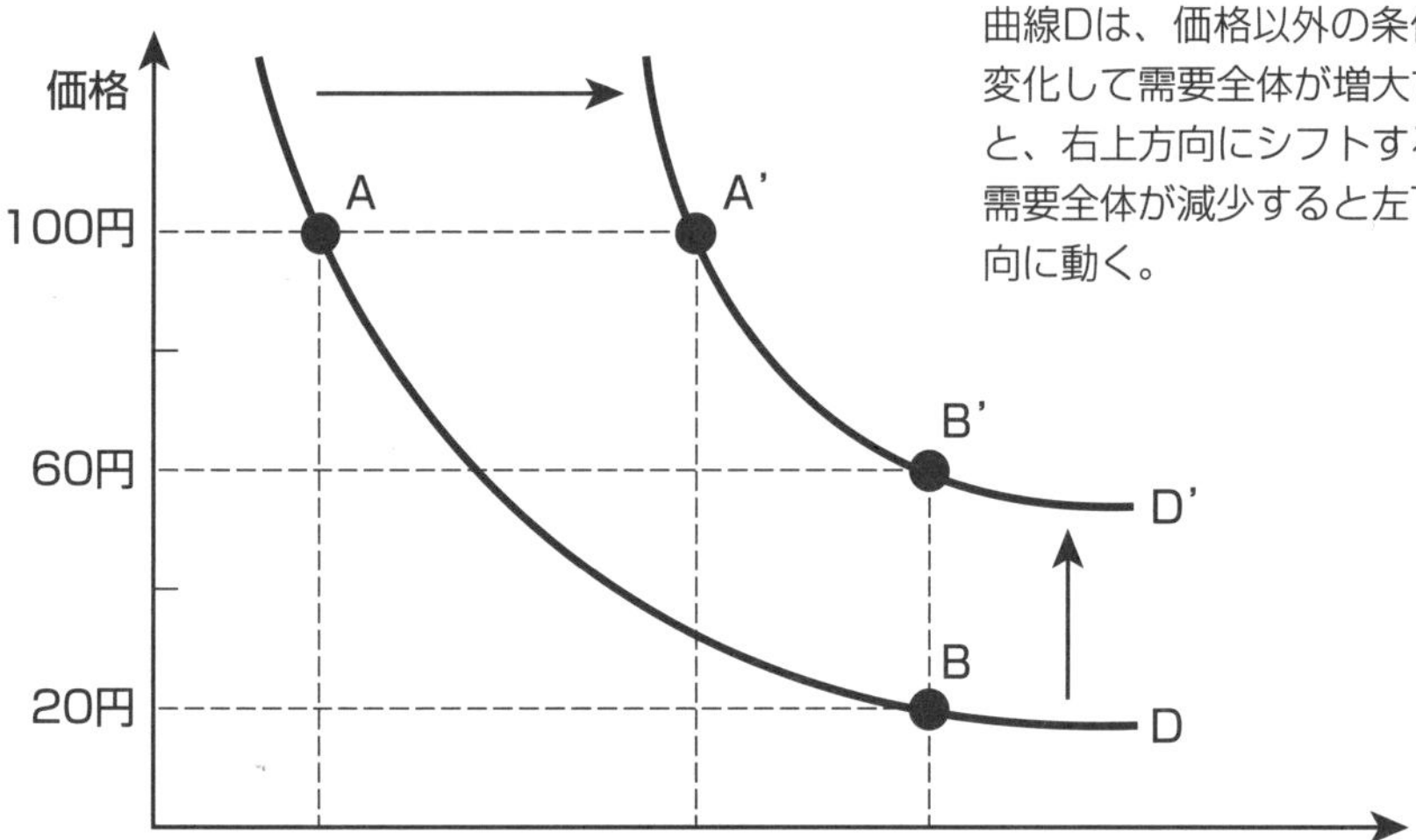
価格
100円
60円
20円
A
A'
B'
B
D'
D
2個
7個
10個
数量

A点からA'点へ移動したとき

所得が増えると、パン１個100円の価格は変わらなくても、買う量を増やすことができる。つまり需要全体が増大する。

B点からB'点へ移動したとき

健康ブームなどでパンが身体によいことを知ると、多少値段が高くても購買のインセンティブになり、需要全体が増大する。

弾力性を考えれば、「いつでも安い」を演出できる

商品の価格が下がれば需要が上向く。このことは体験的に理解できるが、「価格がどのくらい下がれば、需要がどれだけ上向くか」という度合いまでを予測するのは難しい。それを考えるのに**価格弾力性**《だんりょくせい》という概念（需要の変化率÷価格の変化率）がある。

あるベーカリーで通常３００円の食パンを、セールで２４０円（20％引き）で販売したら通常の2倍売れた（１００％増）。この場合、価格弾力性は１００÷20＝5。つまり、20％引きで5倍の効果が得られたことがわかる。

次に、通常価格１００円の菓子パンを80円で販売したら、１・5倍の数が売れた。このときの弾力性は2・5となる。両者を比べると、この場合、食パンは菓子パンより弾力性がある商品といえる。

価格弾力性は顧客の満足度をはかる目安になる。価格弾力性の低い商品を値下げしても、売り上げ増にも顧客満足にもつながらない。小売店は、価格弾力性の高い商品を下げることで、「いつでも安い店」を演出することができる。

ウチのウオッチャー3は
かなり値下げして
売りだしている
話題の初芝
持ち歩き ビデオ!!
ウオッチャー 3
標準価格 158.000
めるへん価格 98.000

いいか島
より弾力的な商品を
値下げするんだ

弾力性には3つの区分がある

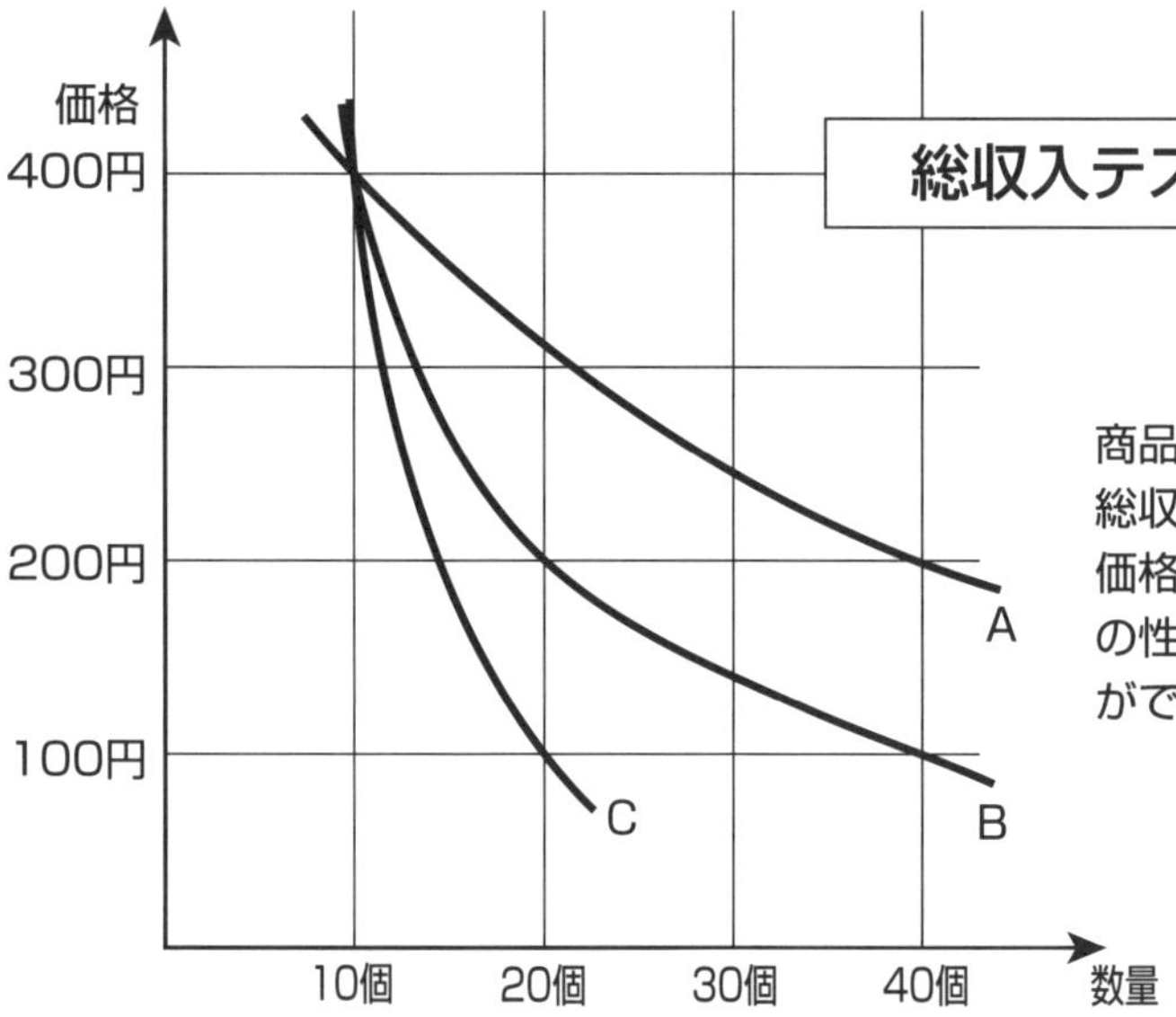

商品ごとの弾力性は、総収入テスト（ものの価格×販売量）で3つの性質に分類することができる。

A:弾力的需要	B:単位弾力的需要	C:非弾力的需要
価格が下がると顕著に需要が伸び、総収入が増加する商品。	価格を上げても下げても総収入の変化がない商品。	価格を下げても需要が伸びず、総収入が下がってしまう商品。

3つの要素が需要の弾力性を決める

需要の弾力性は、商品の持つ性格に大きく左右される。ガソリンは「①緊急性がなく、購入量に限界がある商品」なので、価格が変動しても需要の変化は小さい。つまり非弾力的な商品といえる。また、ビールが高いときは発泡酒が売れる。このように「②代替できる商品」は弾力的になる。さらに、車などの「③高額な商品」は、わずか数パーセントの価格変動でも価格差が大きいので弾力的になる。

売り手は、高い値段でたくさん売りたい

「パンが食べたい」という需要に応えているのは、パンを作って市場に供給する生産者だ。このとき、生産者はできるだけ高い値段で売り、利益をたくさんだしたいと考えている。できるだけ安く買いたいと思う消費者と反対の思いがあるのだ。

生産者の気持ちを形に表しているのが**供給曲線**だ。グラフは需要曲線と同じく、縦軸は財・サービスの価格、横軸は財・サービスの供給量を表す。たとえば３００円の人気食パンを２４０円に値下げすると、一時的に売れるが、売れれば売れるほどその分利益が以前より減ってしまう。すると、利益を圧迫しないように生産量を抑えようとする。逆に値上げしても、人気商品ゆえに売れ行きが落ちないと仮定すると、利益を求めて生産量を増やそうとする。

このような価格と供給量（生産量）の関係をグラフで表現すると、右上がりになる。つまり需要曲線（Ｐ63参照）と反対の方向を示す。このグラフの条件は、需要曲線のときと同じで価格以外の条件をすべて同一にしている。

安く売っても利益をだすための戦略がある

できるだけ高く売りたい生産者だが、１個の利益が少なくても、数多く売れば利益を確保することができる。これが薄利多売という販売方式だ。これを持続するために、「チェーン化して仕入れを一元化」「製造小売業に転身して中間マージンを削減」、また、小売業が生産コストをコントロールできる「プライベート商品の開発」など、安く販売しても利益が出る工夫が行われている。

グラフは右上がりになる

ひとつがいくらなら、いくつまで売りたいと思うか。供給する側の気持ちをグラフで表すと右上がりになる。Tシャツ販売の例で供給曲線を見てみると……。

たとえばTシャツの供給の例で考えてみる

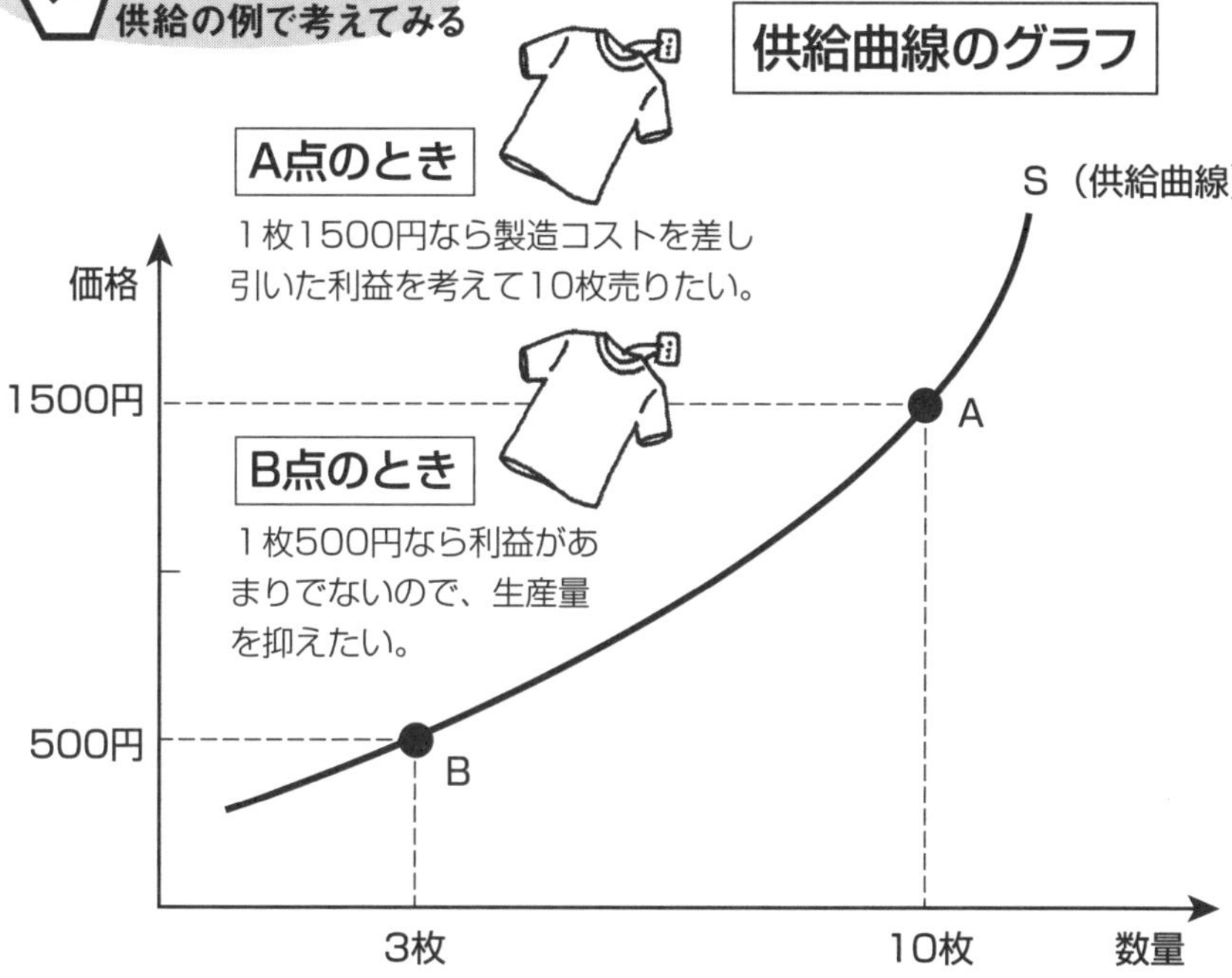
供給曲線のグラフ
A点のとき
1枚1500円なら製造コストを差し引いた利益を考えて10枚売りたい。
B点のとき
1枚500円なら利益があまりでないので、生産量を抑えたい。
S（供給曲線）
価格
1500円
500円
A
B
3枚
10枚
数量

国宝クラスのような供給量が極端に少ないものには価格がつかないこともある

国宝もんやで売れん
そこをなんとか……

原材料費の高低や技術の進歩で、供給は変化する

需要の変化を見たときは、所得が増えたり流行が要因となって、需要曲線が左右にシフトした。供給でもあらゆる価格帯で供給量が変化し、供給曲線が左右にシフトすることがある（左ページ参照）。要因は、自然現象・技術革新・生産コスト・競合他社の新規参入など、さまざまだ。

家電メーカーでシミュレーションしてみよう。ある製品を生産するとき、従来は1万点の部品が必要だったが、新設計で半分の5000点になったとする。するとその分、生産工程を簡素化することができ、いままでと同じ仕事量でも供給量が増え、供給曲線は右方向にシフトする。

このような現象は、生産コストの変化でも生じる。石油価格の上昇などで生産コストが上がると、供給曲線は左方向にシフトする。労働者の賃金上昇でも左方向にシフトし、どのような価格帯であっても以前より供給量が減少する。

供給曲線上で価格が上昇したとき供給量が増加するということと、供給曲線が右方向にシフトすることで、与えられた価格が同じでも供給量が増加する、ということを区別して考えることが大切だ。

人々の期待や予想が供給を変化させる

製品のモデルチェンジや新技術を採用した新製品の発表が期待・予想されると、消費者は新製品が発売されるまで、購入を抑える。すると、市場で旧製品が動かなくなり、生産者は供給を抑え、供給曲線が左方向にシフトする。

また、政府が新しい規制を強化、たとえば自動車に新しい環境基準が導入されると、生産コストが上昇するので供給曲線は左方向にシフトする。

供給はさまざまな要因で変化する

供給曲線は、需要曲線とは反対に動くので右上がりになる。生産コストや賃金の上昇、技術革新など、さまざまな影響を受けて、曲線が左右にシフトする。

引き続きTシャツの供給の例で考えてみる

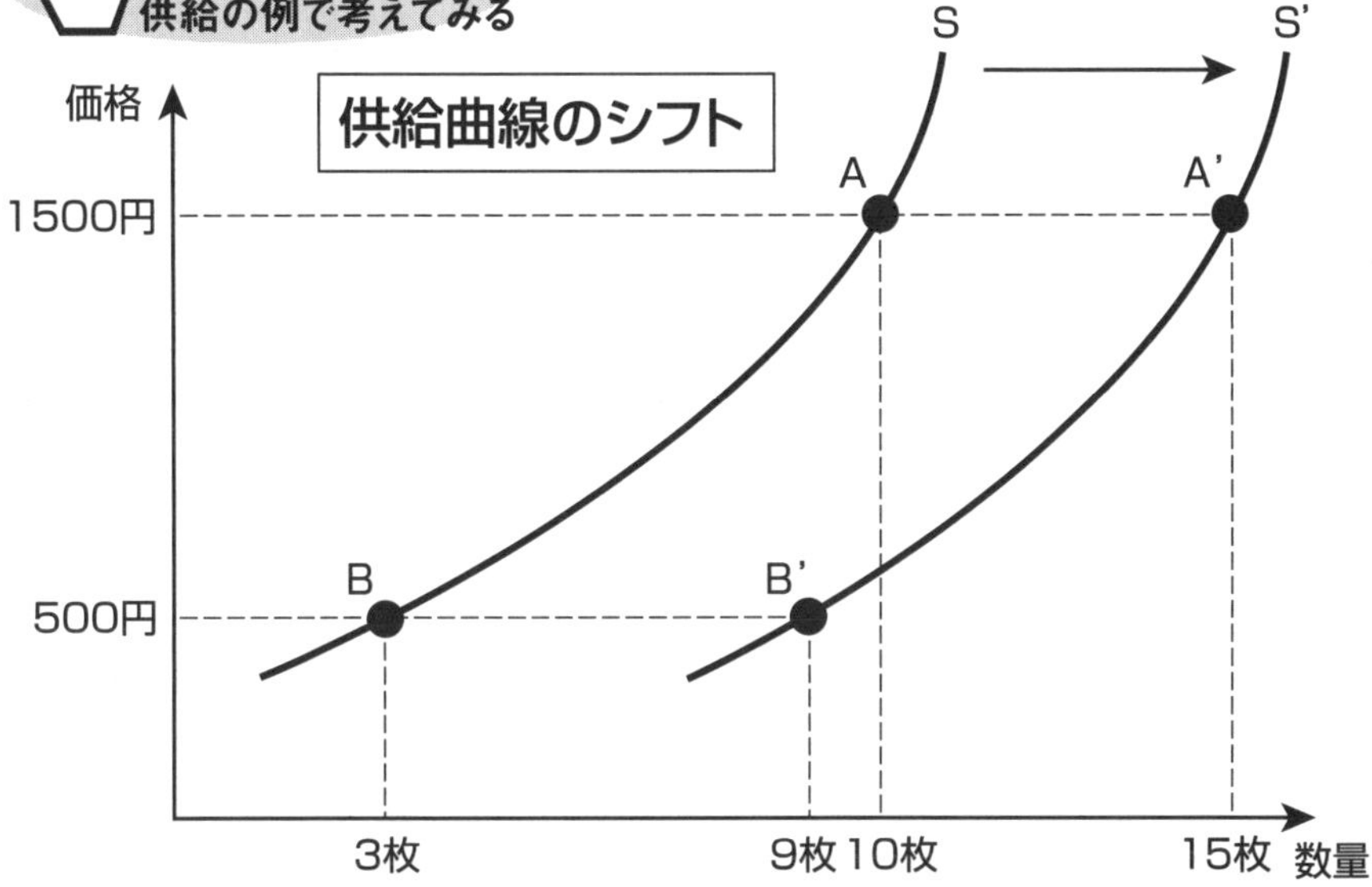

A点から A'点へ移動

原材料の価格が下がると、同じコストでより多くの生産品を作ることができる。それによって同じ価格でもより多くの製品を売ることができるようになる。

B点から B'点へ移動

技術や生産ラインの見直しで、同じ原材料の量でもたくさん作れるようになる。たとえば500円では3枚供給されていたものが、同じ価格で9枚生産できるようになる。

工場設備、技術の革新などによって、供給が変化することもある

ものの値段が供給に及ぼす影響を、数字で表す

66ページで「価格がどれくらい下がると、需要がどれだけ上向くか」という需要に関する価格弾力性を説明した。供給でもこの概念（供給の変化率÷価格の変化率）を用いて、価格と供給量の変化の割合を表すことができる。

たとえば、ガソリンの価格が10％上がったとき、供給量が20％増えたとする。このときの価格弾力性は「2」である（20％÷10％）。また、豚肉の価格が10％下がったとき、供給量が30％減ったとする。このときの価格弾力性は「3」（30％÷10％）となる。このことから、石油は弾力性が低く、価格が変化しても供給量にそれほど大きな影響がないことがわかる。一方、豚肉の供給量は価格がわずか10％下がるだけで供給量が激減してしまう、非常に価格弾力性が高い商品だといえる。

供給曲線は右上がりだが、曲線が急なものもあればゆるやかなものもあり、価格に対する感応度が違う。その差異を正確に導きだすのが**供給の価格弾力性**である。これを検討することで市場の取引がどのように変化するかを予測することができる。

価格協定は犯罪だぞ おぬしもワルよのう

供給の場合も弾力性は3つに分けられる

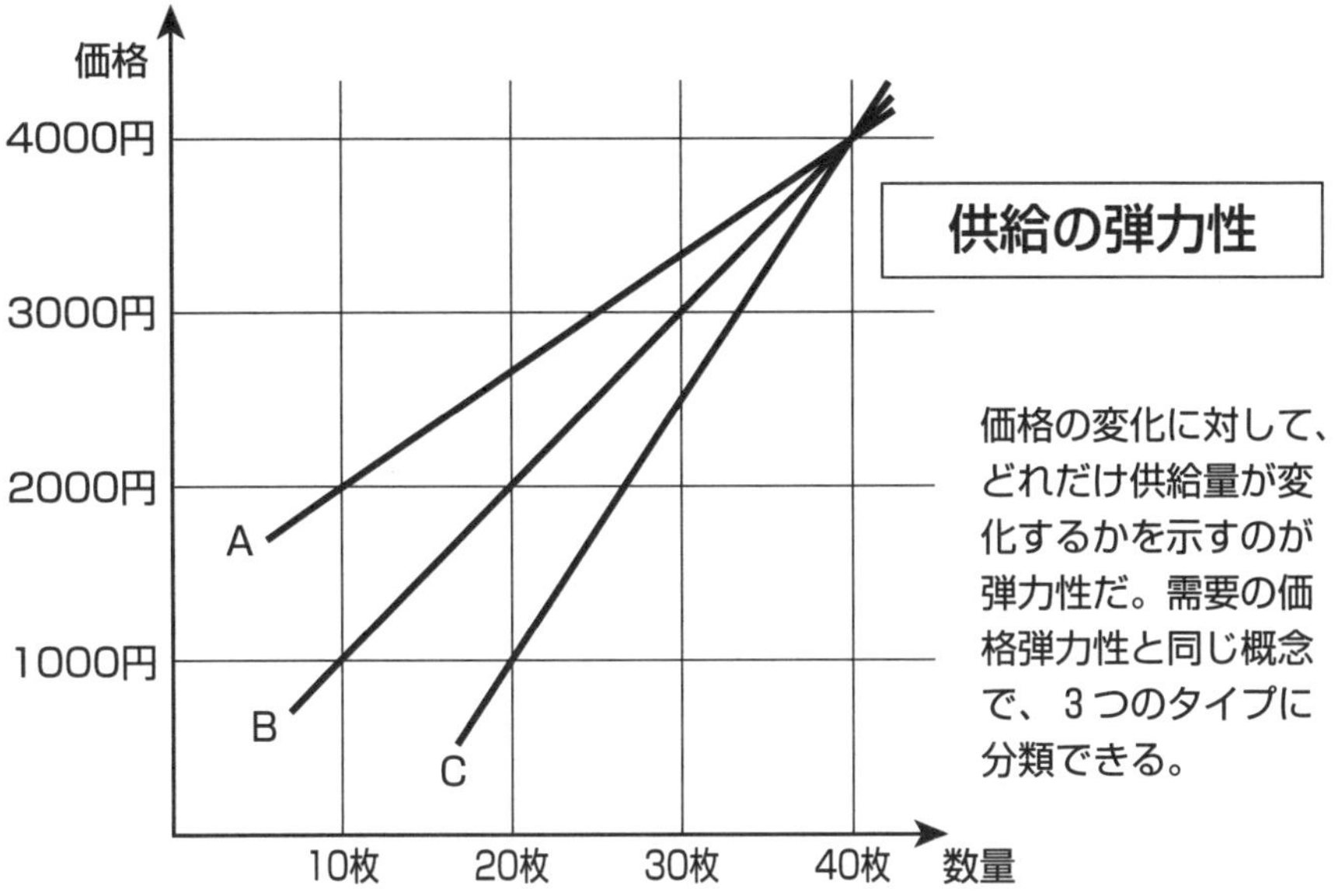
価格
4000円
3000円
2000円
1000円
A
B
C
10枚
20枚
30枚
40枚
数量
供給の弾力性
価格の変化に対して、どれだけ供給量が変化するかを示すのが弾力性だ。需要の価格弾力性と同じ概念で、3つのタイプに分類できる。

A:弾力的供給	B:単位弾力的供給	C:非弾力的供給
価格の変化によって供給量が大きく変化する生産品。農作物などにこの傾向が強く見られる。	価格の変化に正比例しながら供給も同じように変化する生産品。	価格が変化しても供給量がそれほど変化しない生産品。石油などの代替が効かない製品に見られる。

おさえておきたいポイント

ひとつの商品でも弾力性は変わる

設備がフル稼働しているＴシャツ工場を想像してみよう。その工場では供給量を増やすために、新しい機械を購入しなくてはならず、そのためにＴシャツの価格は大幅に上がってしまう。逆に、遊休状態の機械が多くある場合は、新たな設備投資の必要はなく、少しの価格上昇で、供給量が増やせる。

Ｔシャツという商品が弾力的、非弾力的なのではなく、同じ商品であっても設備の稼働状態によって弾力性は変化する。

元手をかけるほど儲けが出るわけではない

企業は、土地や生産設備の導入、労働者の確保、原材料などを購入する資金など、さまざまな生産要素（P52参照）を組み合わせて、財やサービスを生みだしている。短期では、これらの要素の組み合わせや投入量によって、生産量や生産コストが大きく変動する。

生産要素をいくら投入したら、いくつの生産物が生まれるか？　より効率よく生産するために、経営者は答えを知りたい。その要望に応えるのが**生産関数**とよばれる概念だ。

生産関数の概念を用いると、生産要素の投入と総生産は、3段階のステージを歩むことがわかる。まず、生産要素を投入すると、最初は生産が順調に伸びるが（第1段階＝収穫逓増《ていぞう》）、その伸び率はだんだん鈍ってくる（第2段階＝収穫逓減《ていげん》）。次に、ある時点で生産が減少に転じる（第3段階＝損失発生）。

このことは、生産要素を無限に投入したからといって、無限に生産性が伸びないということを示している（可変比率の法則）。

生産関数は、企業の生産技術および生産能力の限界を導きだす。

経済学で使う「限界」とは

経済学で使う「限界」は、一般の「ぎりぎりの瀬戸際」とは異なる。たとえば、のどが乾いているときは1杯の水でもおいしく感じるが、2杯目、3杯目と増えていくと、1杯目で得られた幸福感はなくなる。このように追加1単位ごとに得られる便益を限界効用という。

労働力も同じで、労働者が2人、3人と増えていくと、あるところで生産性が落ちる。この値を「限界生産物」という。

利益から損失まで3つの段階がある

短期では生産要素を投入すると3段階の生産過程をたどる。ここでは、「労働力」を投入したときの総生産性の伸長を見てみる。

労働者	1人	2人	3人	4人	5人	6人	7人	8人	9人
総生産物	25	60	100	150	175	190	180	175	150
限界生産物	25	35	40	50	25	15	−10	−5	−25

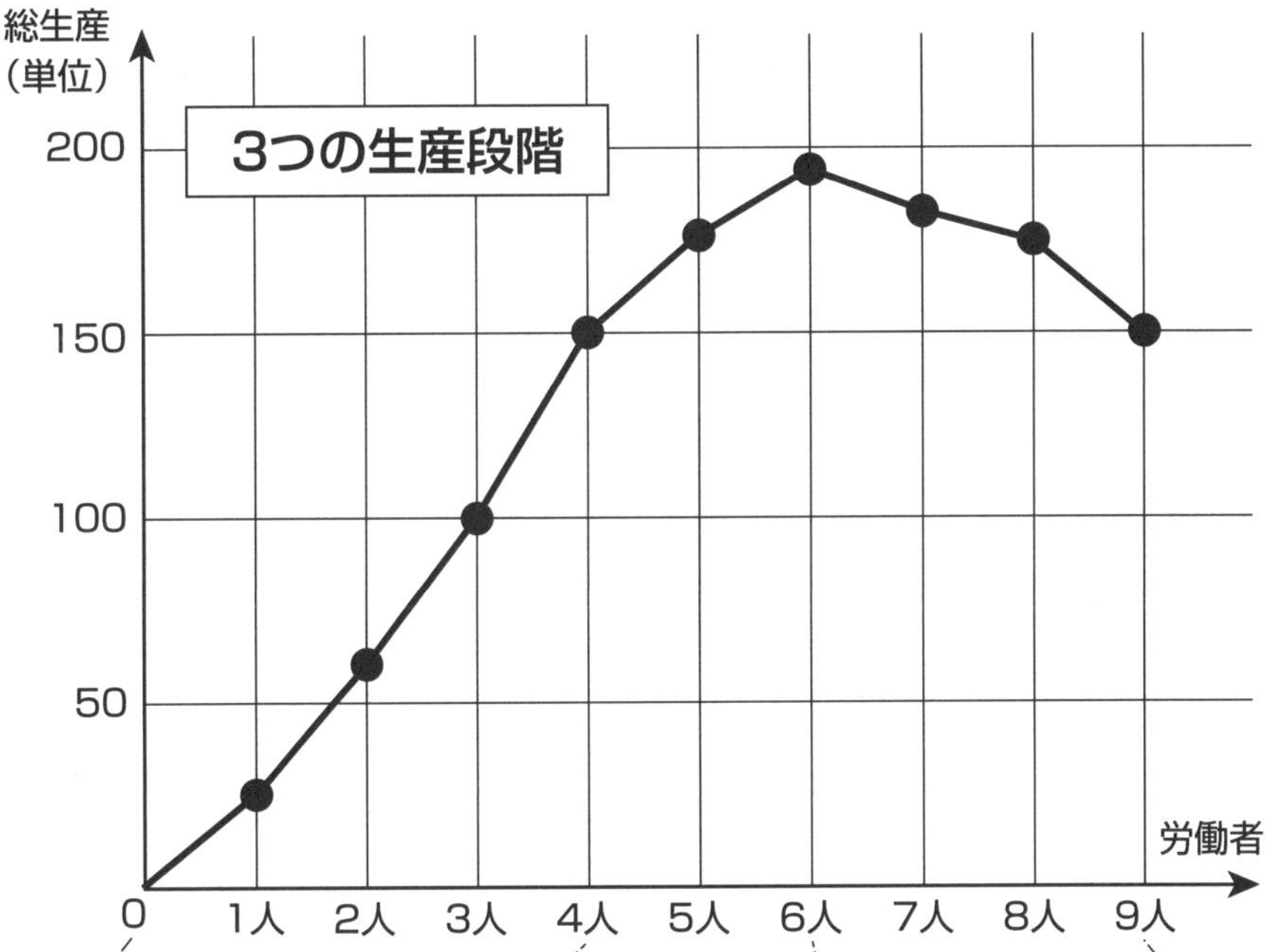

第1段階	第2段階	第3段階
収穫逓増の段階	収穫逓減の段階	損失発生の段階
働く人が増えるほど、現状の設備や道具を有効に使えるので限界生産物は増え、総生産量も順調に増加する。	使える設備や道具が効率よく回らなくなり、限界生産物が減りはじめるが、総生産量はわずかながら増える。	人が増えすぎてスムーズに生産ができず、総生産量が減りはじめる。企業はこれ以上の人を雇っても無駄になる。

最大の利益を得るために、限界費用と限界収入を見る

企業は、利益を上げることを目的として活動している（利潤最大化行動）。利益とは、生産された財やサービスで得た収入が、生産要素で投入した費用より下回らないことだ（収入>費用）。

そこで企業は、どのくらいの費用（生産コスト）をかけたら、どの時点で最高の収入を得られるかを常に考えている。その目安となるのが**限界費用**と**限界収入**だ。

限界費用とは、生産を1単位増やすときに追加的にかかる費用のこと。生産量が増えると、追加1単位ごとの増分、つまり限界費用の分だけ、総費用も増えていく。

それに対し、限界収入とは市場価格のことを示す。ほとんどの産業は1社が市場を独占しているわけではないので、自由競争のもと、価格は一定になる。この値が限界収入線で水平になる（左ページ参照）。生産者が自由にコントロールできるのは、限界費用を考えた生産量だけだ。このような条件下で企業が利潤の最大化を求めると、生産要素を投入した費用と、完成した生産品を販売した収入の等しい点となる。

洗濯機ひとつとっても限界費用、限界収入を計算して生産量が決められる
HATSUSHIBA

●•• 最大の利益を上げるためにはどうすればよいか ••●

利益が最大になるのは、「限界費用＝限界収入」の時点。企業は、この時点を見極め、適正な限界費用を投入して市場への供給量を決定している。

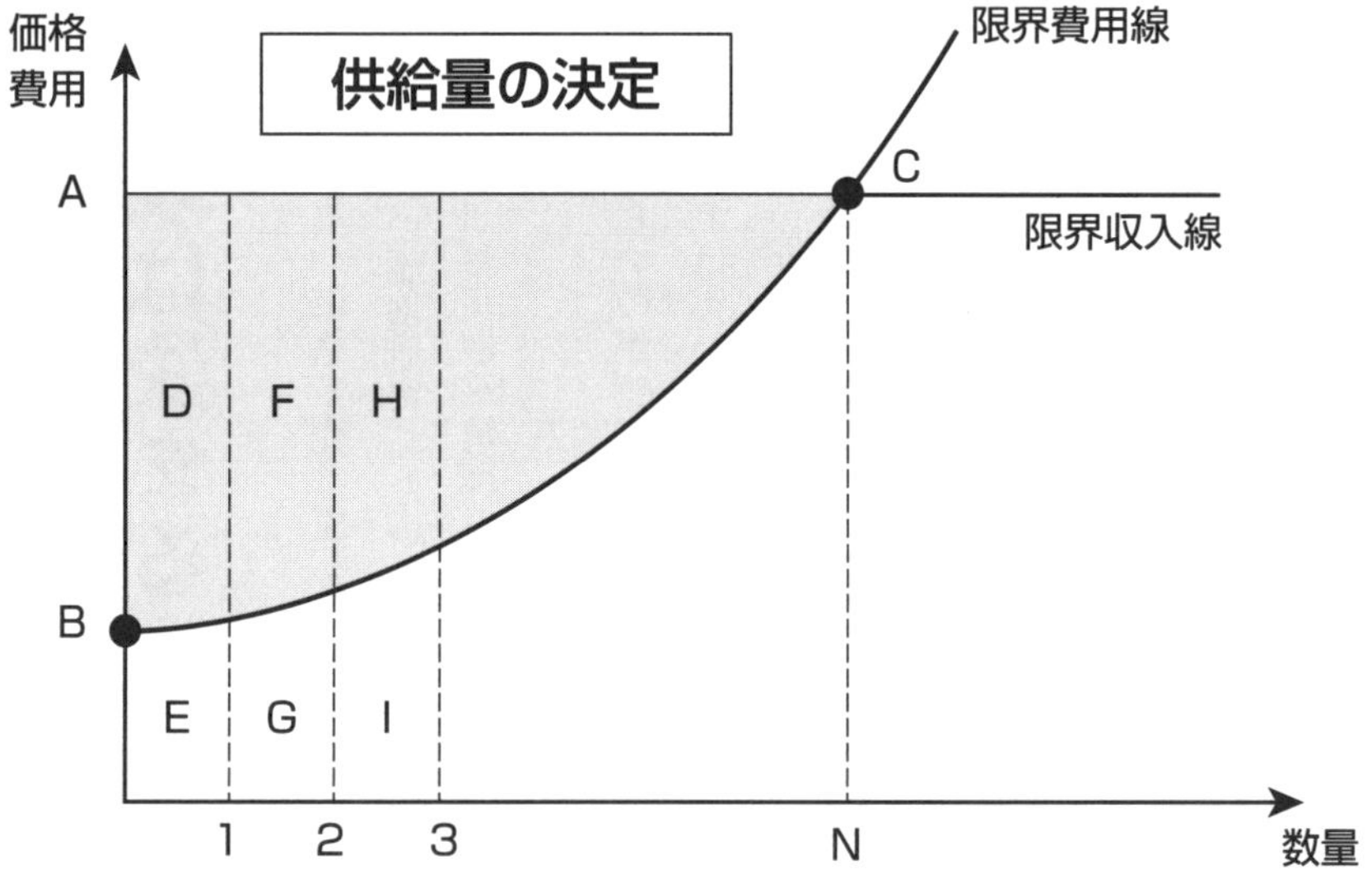

A点 生産財の販売価格

競争原理が働く市場は、限界収入は市場価格（販売価格）となる。値は一定でグラフは直線となる。

B点 固定費用

工場が稼働していないとき（だれも働いていないとき）でも、施設の維持などの固定した費用が常にかかる。

生産物が
1単位売れると……

価格Aで製品が売れると、「限界費用E」を差し引いたDが利益となる。

➡

生産物が
2単位売れると……

価格Aで2つ売れると（D＋E＋F＋G）、費用は「E＋G」となるので利益はD＋Fとなる。

C点 利益が最大となる点

N個の商品が売れ、限界費用＝限界収入のとき、斜線部が利益最大に。これ以上の生産は限界費用＞限界収入となりマイナス。

利益を最大にするには
限界費用＝限界収入
になるまで生産する

価格調整機能によって、ものの値段は決まる

売り手はできるだけ高い価格で売って（供給）、利益を得たいと考え、買い手はできるだけ安い価格で買いたい（需要）、と考えている。両者は妥協点《だきょうてん》を探り合って、お互いが納得できるように、取引相場が動きはじめる。

ここで思いだしてほしいのが63、69ページで紹介した「需要曲線」と「供給曲線」だ。ここでは「いくらなら、いくつ買いたいか」と「いくらなら、いくつ売りたいか」という需要者と供給者の合理的な気持ちが示されていた。実は、この両者の思いが交差する点が、お互いが納得できる相場（妥協点）となる。

ところが、買い手は価格の決定権がなく、売り手が決めた価格で購入していると思っている。だが、需要曲線でわかる通り、「いくらならいくつ買う」と買い手の意思が働いている。売り手は市場を独占しているわけではない。その気持ちを無視して価格をつけても生産品は売れ残るだけだ。買ってもらえる価格帯を求め、お互いの妥協点を探って価格が決定する。市場はこのような**価格調整機能**を持っている。

賃金の安い中国では価格を低く抑えられる

品質が同じなら買い手は安いほうを選ぶ。しかし、企業は生産品の価格に利益を求めるので、安くするには限度がある。そこで生産要素に投入する費用を抑えることで、競争相手より製品価格を安くしても利益が上げられるようにする。

生産要素のなかで費用の削減効果が最も大きいのは人件費だ。日米欧の製造メーカーの多くが中国に工場を建てて生産しているのは、人件費を低く抑えることができるからだ。

市場が価格を調整する

財・サービスの価格は、売り手と買い手の妥協点を探し、均衡価格で落ち着くようになっている。電子レンジの販売でシミュレーションしてみよう。

たとえば電子レンジの市場の例で考えてみる

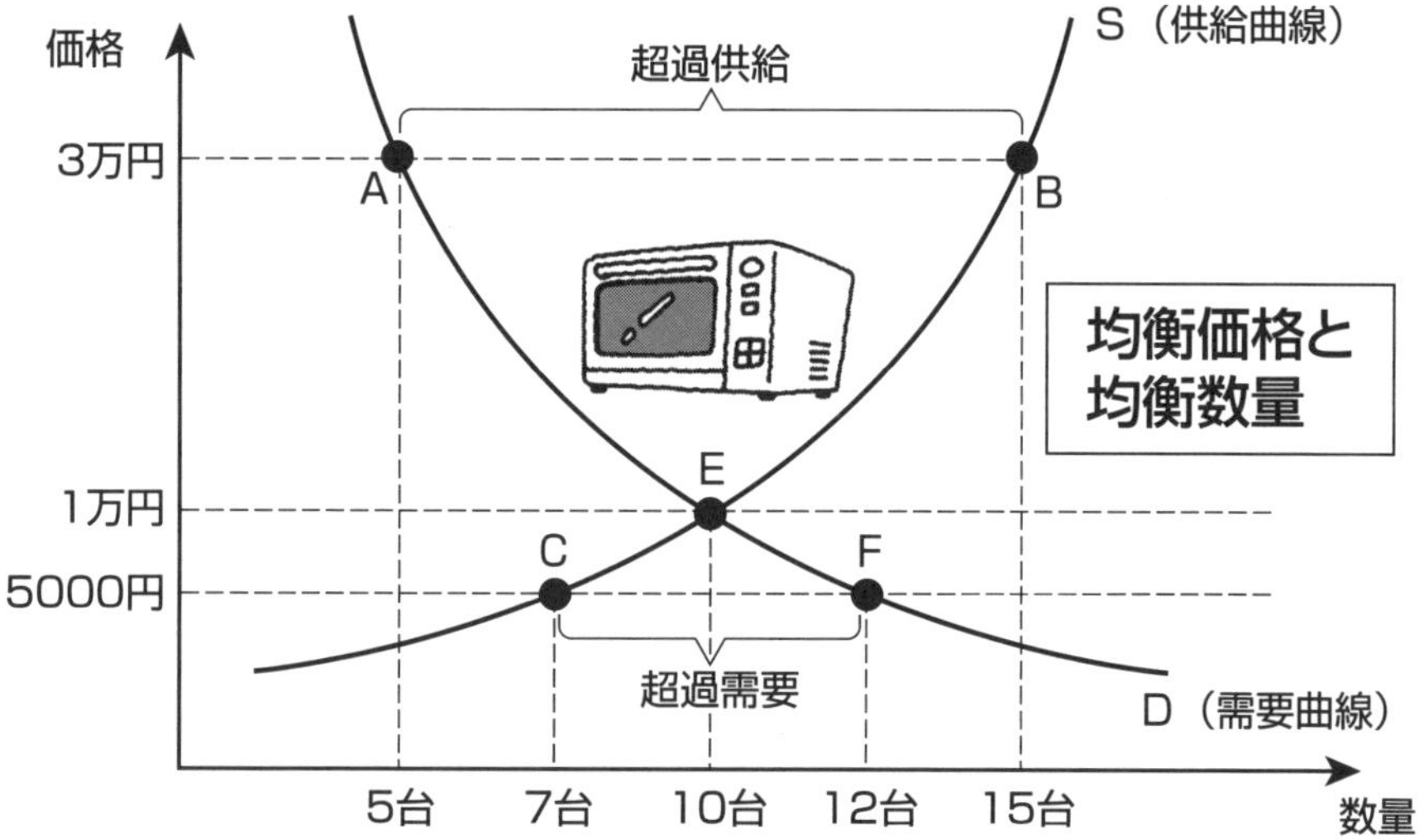

価格
S（供給曲線）
超過供給
3万円
A
B
均衡価格と均衡数量
E
1万円
C
F
5000円
超過需要
D（需要曲線）
5台
7台
10台
12台
15台
数量

市場での価格が3万円のとき

売り手は15台供給している（B点）のに、市場での需要は5台（A点）。このままでは10台の売れ残り（在庫）が発生してしまう。売り手は電子レンジの値下げを検討する。

売れ残り！

市場での価格が5000円のとき

売り手は7台供給している（C点）のに、市場での需要は12台（F点）。このままでは5台の超過需要が発生してしまう。売り手は電子レンジの値上げを検討する。

売り切れ！

市場での価格が1万円のとき

3万円と5000円では、売り手と買い手の気持ちにズレがある。最終的に需要と供給のバランスがとれているE点へたどり着く。この点を均衡点または均衡価格とよぶ。

±0！

ぴったり！

非競争的な市場では、価格調整機能が働かない

市場は、売り手と買い手を引き合わせる機能を持っているが、構造的な特徴で4つに分類することができる。

ひとつ目は**完全競争**市場。これは生産者が多数いる状態で、ものの価格は市場の需要・供給で決まる（均衡価格）。自分たちで自由に価格が調整できないので、プライステイカー（価格受容者）の市場とよぶ。

2つ目は完全競争ほど生産者はいないが、生産するものに差異があり、競争が激しい**独占的競争**市場だ。パソコンメーカーなどを例にあげることができる。

3つ目は独占的競争よりさらに生産者が限られる**寡**《か》**占**《せん》市場だ。自動車メーカーがその一例で、ライバルは少ないが、他社の販売戦略の独走を許さないように新車発表の時期や車の種類（ジャンル）や価格がほぼ一致している。最近では業界再編の動きが活発になり、いろいろな業界でM&A（P128参照）が進んで市場の寡占化が進んでいる。

4つ目はライバル企業がいない**独占**市場だ。電気会社やガス会社は地域に1社しかない。公共性が高い企業は独占のタイプが多い。

おさえておきたいポイント

カルテルなどの違法な協定を生むことも

寡占市場では、企業どうしが話し合うことで価格や生産量を取り決め、競争を避けて利益を確保することがある。その協定を結ぶことを「カルテル」とよぶ。もちろん、自由競争による買い手の利益を侵害するので、世界的に原則禁止だ。

日本では、独占禁止法によって原則禁止主義がとられている。だが、公正取引委員会によって許容されている「不況カルテル」「合理化カルテル」の例もある。

競争が市場原理を働かせる

完全競争市場は、現実にはほとんど存在しないが、プライステイカーの概念を知るために重要な市場だ

完全競争市場の条件と同じで、競争的な市場構造を持つ独占的競争市場もある。ただし取引される財が同質ではない

寡占市場には1社の独走を許さないように価格競争に陥りやすい性質がある
自動車産業がその例だ
NISSAN
NISSAN
TOTAL
TOTAL

独占市場は競争原理が働かないので、買い手は競争の恩恵を受けない。しかし、電電公社が民営化（NTT）することで、第二電電が参入し、通信費が安くなった例もある

「囚人のジレンマ」の理論が活用される

企業は市場競争に勝つために、利潤を確保しながら、できるだけ多くの製品を売りたいと考える。しかし、同質の財やサービスを提供するライバル社がいると、財やサービスの価格決定は慎重に行わなければならない。企業は、ライバル社の動向を探るために、さまざまな駆け引き（戦略立案）をしながら、利益を上げる方法を模索《もさく》している。

このような駆け引きが起こるのが寡占市場の特徴だ。完全競争の場合は、個々の市場に占める自社の割合が低く、財やサービスの価格は、アダム・スミスがいう「神の見えざる手」によって自然調和する。ライバル社の動向を気にする必要はない。独占の場合もライバル社の動向は関係ない。

自社が決定した価格に対して、ライバル社がどんな反応をするか、それに対して自社が一番利益を得られる対応は？　経済学では、この心理戦を数学的にとらえ、「ゲームの理論」（**囚人のジレンマ**）で表している。企業間の駆け引きをゲームの理論で分析すると、得られる答えは左表の4つ。そして自由競争で最大の利益を求めると、意外な答えに落ち着く。

カルテルを禁止する理由はここにある

価格決定の企業間競争をゲームの理論で導きだすと、消費者が一番安く購入できる結果に落ち着く。しかし、これは企業どうしが「価格決定を事前に相談できない」という情報隔離の状態にあることが前提だ。

もし、お互いが協調戦略（カルテル）をとって、両社の都合のいい高値に決定すると、消費者は不利益を被ることになる。これを禁じているのが独占禁止法だ。

囚人のジレンマでゲームの理論がわかる

ゲームの理論をわかりやすく表現したのが囚人のジレンマ。共犯者を隔離《かくり》した状態で取り調べ、ある条件をつけて司法取引を持ちかけて犯罪を立証する。

		囚人Bの選択肢	
		黙秘する	自白する
囚人Aの選択肢	黙秘する	A:懲役2年 B:懲役2年	A:懲役10年 B:釈放
	自白する	A:釈放 B:懲役10年	A:懲役5年 B:懲役5年

罪を犯した2人を取り巻く状況

共犯を立証できないまま、ある罪で懲役《ちょうえき》2年の刑を受けている2人を、意思疎通ができない状態で取り調べる。

そのとき、「共犯を自白すれば、相棒は懲役10年とするかわりにお前を釈放する」と持ちかける。

さらに「ただし、両者が自白した場合は5年だ」とつけ加える。そのときの損得を示したものが左表だ。

囚人たちはどのように行動するか

相棒が黙秘すると予想すると、自分が自白すれば釈放、黙秘すれば懲役2年となる。また相棒が自白すると予想すると、自分が黙秘すれば懲役10年、自白すれば懲役5年となる。

つまり、囚人にとっては相棒が黙秘しようが自白しようが、自白することが最良の選択肢となる。

その結果…

最大の利益を考えた結果、囚人2人はともに自白をして、懲役5年が確定する。

本当の利益はお互いが黙秘して懲役2年になることだが、隔離されて相談できないことからこのような結果になる。

最良の答えがあるのに得られないことから「ジレンマ」とよぶ。

企業の戦略にも応用できる

ライバル関係の企業が顧客を取り合っている。戦略は2通り。値を下げて市場占有率を高めるか、値を上げて利益確保を優先するか。選択肢は、「囚人のジレンマ」と同じように4つのパターンになる（右表）。

最良の選択はお互いが値を上げることだが、独占禁止法によって事前に相談して価格調整ができないので、お互いが値を下げることになる。

		企業Bの選択肢	
		高価格	低価格
企業Aの選択肢	高価格	A:利益5億円 B:利益5億円	A:利益0円 B:利益10億円
	低価格	A:利益10億円 B:利益0円	A:利益2億円 B:利益2億円

買い手と売り手の情報の差が問題を引き起こす

いま、A子さんが、ある宝石を買いたいと思っているとしよう。買い手は宝石の情報を持っておらず、実際に商品を見ても品質がよいものなのか判断できない。それに対して売り手は、商品のさまざまな情報を持っている。その宝石が良質なものかどうかも知っている。

　もしその商品が良質であるなら、売り手はその商品を安くは売らず、高い値段をつけるだろう。さらに、欠陥のある劣悪な商品に高い値段をつけて売りつける可能性もある。買い手は宝石についている鑑定書や値段を頼りに、商品のよしあしを判断しようとするが、その鑑定書が正規のものかわからないし、値段が高くても良質な商品とは限らない。

　売り手は安く手に入る劣悪な商品を、高い価格で売りさばくほうが、簡単に儲けることができる。その結果、市場には質のよい商品が少なくなり、かわりに質の悪い商品ばかり出回るようになる。買い手は不良品をつかまされることを警戒して、簡単に商品を買うことをしなくなる。このように、市場に悪質な商品が出回り、取引が成り立たなくなってしまうような問題を**逆選択**という。

広告は情報の差を解消するシグナル

　買い手は、自分ではその商品の正確な情報は持っていないが、みんなが知っているなら信用できて安心、という心理がある。それを利用したものが広告だ。そして、「信用・安心」の裏づけとなる広告は価値が高いので制作費も高い。

　つまり、高い制作費をかけて作る広告商品は、売り手にも絶対の自信がある、という裏づけになる。こうして、広告は商品情報を持っていない不安を解消するシグナルとなる。

●●• 情報を持たないと良質の商品を手に入れられない •●●

情報優位者の売り手は、買い手の無知に乗じて劣悪な車を売りつけようとする。アメリカでの、中古車市場の例で見てみる。

買い手
見た目は同じでも、車の履歴によって価値が大きく変わる中古車。買い手は車の情報（履歴）がわからない。

売り手
中古車を仕入れるとき、車を査定しているので、その車の詳細な情報を多く持っている。

買い手は情報にたどり着けない

売り手は情報にたどり着ける

情　報
買い手には車の質がわからず、売り手は車の質がわかっている。情報の差が発生している。

買い手は……
商品情報がないので価格を頼りに商品の質を判断しようとする。

逆選択の発生
価格が高いから質が高いと判断して購入。しかし実際は逆に選択してしまった。

売り手は……
劣悪な中古車に高値をつけ、価格で質の高さを見せかける。

実はこれ
エルメスに見えるけど
まっ赤な偽物ですねん
ダックのくちばしが下向いてまっしゃろ
本物はまっすぐや

ブランド品市場にも、偽物は大量に出回っている。買い手はなかなか真贋を見抜くことができない

世界の富を手中にした巨人

ロバート・ウッドラフ

アメリカ
1889−1985

落ちこぼれ青年がコカ・コーラを世界ブランドにおし上げた

ロバート・ウッドラフの学生時代には、特筆すべきものはなにもなかったといえる。ハイスクールでの落第、軍隊式高等学校での悲惨な成績など、落ちこぼれという言葉がぴったりの青年だった。

彼の才能が開花したのは、19歳になり、働きだしてからである。さまざまな職を転々としたあとに、ホワイトモーター社の副社長となり、7万5000ドルという年俸を稼ぎだす。

ウッドラフは33歳のときコカ・コーラ社の社長に就任した。

コカ・コーラを、世界で最も有名な飲みものにしたのは、劣等生であったこの人物である。

きめ細かい広告戦略が成功につながった

「コカ・コーラ」というトレードマークを2行に分けない、できる限り栓抜きのある右側を見せる——。これらは、ウッドラフが宣伝に際して設けた規則。ほかにも33あった。彼が宣伝にとても敏感だったことがわかる。

ある掃除機メーカーの広告には「汚れた絨毯《じゅうたん》は危険」と書かれていた。これは当時アメリカで行われていた、消費者の恐怖心をあおる宣伝方法である。ウッドラフは、コカ・コーラの宣伝に「さわやか」「気晴らしの一瞬」など、ポジティブなフレーズを使用した。これが成功、コカ・コーラは今日でも多くの人に親しまれている。

第4章

国の経済力はGDPに表れる

——マクロ経済学の基礎——

国の経済規模を知るための指標がGDPである。
政府はGDPを増加させるために、さまざまな政策をとる。
GDPと政府の行う政策の関連は……。

ちなみに日本のGDPはどれくらいデスカ？
1人あたりのGDPは年間3万5000ドルだ

経済尺度がＧＮＰからＧＤＰへ変わる

国の経済状況を表す指標としてＧＤＰ（＝国内総生産）が用いられる。ひとつの国が、ある一定期間にどれだけの富を生みだしたか、という概念を数値としてとらえたものだ。

この考え方は、アダム・スミスの『国富論』のなかではじめて登場する。それ以前の富とは、金や銀などの財宝そのものをさし、農産物などは単なる生産物としてとらえられていた。アダム・スミスは生活必需品などを生産する「年々の労働」こそ国富の源泉であるという原理を経済の根底に置き、国の経済状況による国力を数字で表そうとしたのだ。

１９８０年代までは、国の経済状況を示す概念にＧＮＰ（＝国民総生産）が用いられてきた。しかし最近では、多国籍企業をはじめ、多くの企業が海外現地生産を行っているため、ＧＮＰがその国の生産規模を表す指標としてふさわしくなくなってきた。

そこで海外での現地法人による生産分などを差し引いたＧＤＰという指標が、１９９０年代から使われるようになった。それ以後、ＧＤＰは世界的に国の経済状況を示す指標として用いられている。

フローは川の流れ、ストックはダムの貯水

GDPを考えるとき、「フロー」と「ストック」の２つの概念が大切になる。フローとはGDPのことで、ある一定期間に生じた富をさし、常に流れ続ける川にたとえられる。ストックは、ある一時点での富の残高、川の流れとは対照的にダムの貯水量にたとえられる。

経済発展のためにはフロー型が大切だったが、これからはストック型が求められる時代といわれている。

GDPとGNPの違い

GNP（Gross National Product）はその名のとおり「人」に着目した指標。GDP（Gross Domestic Product）は「地域」に注目した指標だ。

GDP

GNP

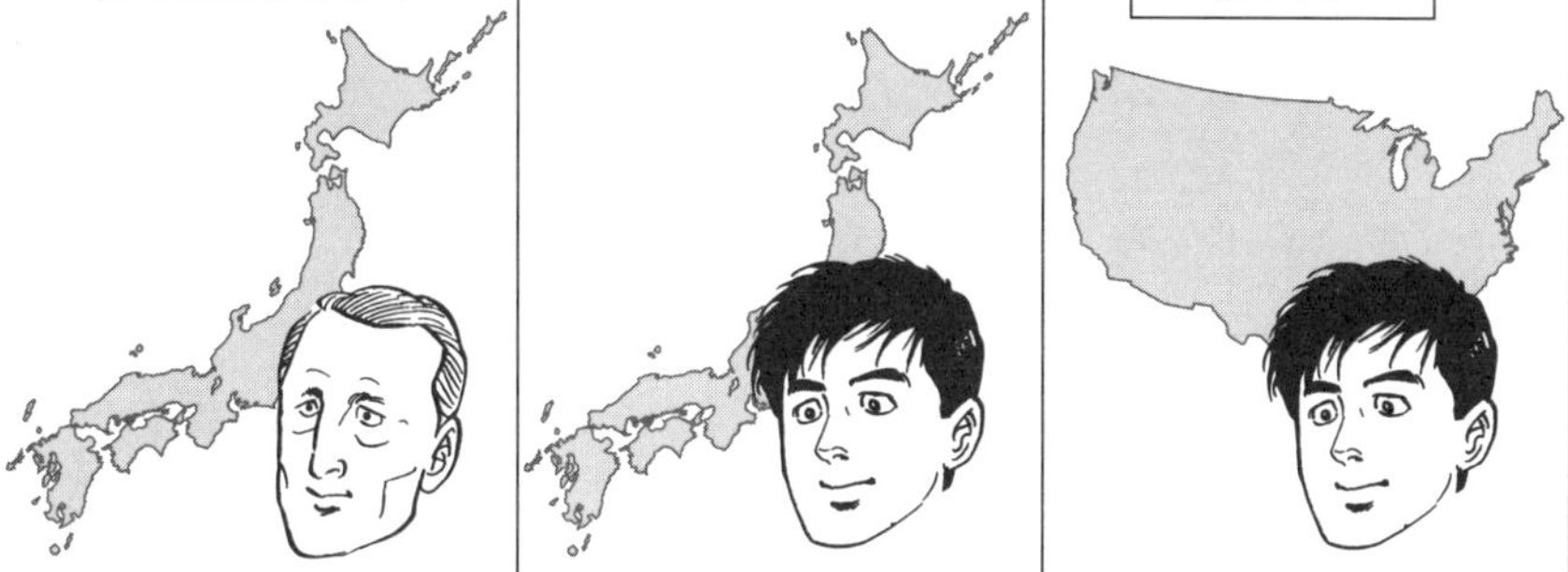

日本国内で生産されたもの

日本国民によって生産されたもの

日本国内で外国人（外国企業）によって生産されたもの。外国人アーティストの日本公演なども含む。

日本国内で日本人（日本企業）が生産したもの。

海外の市場を利用して、日本企業が生産した財・サービスは、日本国民が生産したものとしてとらえる。

世界GDPランキング

中国やインドがベスト10にランクインし、アジア圏の国々がますます注目される。下の表は通貨単位をドルで揃え、比較できるようにしている。

1位	アメリカ	約12兆4872億ドル	6位	フランス	約2兆1266億ドル
2位	日本	約4兆5544億ドル	7位	イタリア	約1兆7624億ドル
3位	ドイツ	約2兆7949億ドル	8位	カナダ	約1兆1295億ドル
4位	中国	約2兆2784億ドル	9位	スペイン	約1兆1242億ドル
5位	イギリス	約2兆2296億ドル	10位	インド	約8002億ドル

（出典：総務省統計局『世界の統計2007』）　（単位：米ドル）

ＧＤＰとは、新たに生みだされた付加価値の合計

ＧＤＰは内閣府がＳＮＡ（国民経済計算）とよばれる統計法を用いて作成している。その算出の基本となるのが**付加価値**である。

あるベーカリーを例に付加価値をシミュレーションしてみよう。１個１００円のパンが売れると１００円の売り上げになる。しかし、ベーカリーの売り上げをこのままＧＤＰに計上すると、困ったことになる。１００円のパンには原材料費が含まれており、原材料はベーカリーに出入りする業者が生みだしている価値で、利益を二重に計上してしまうのだ。

１００円のパンにかかる原材料費が30円とすると、１００円－30円＝70円。これがベーカリーの本当の利益で、独自に生みだしたこの価値70円を付加価値とよぶ。もちろん、他の産業でもこの付加価値を算出し、それらを合計したものがＧＤＰとなる。

ここで考えてみてほしい。パン１個の価格は、原材料が安ければ低価格になり、付加価値も小さくなるということだ。

ＧＤＰは、その国の経済成長の指標にはなるが、必ずしも豊かさを示す指標ではないということがわかるだろう。

ひとりあたりGDPから、違う側面が見える

100億円の総生産の国が２つあったとしても、国民が１万人と1000人とではひとりあたり10倍の格差がある。

このようにひとりあたりのGDPを算出すると、１位ルクセンブルク、２位ノルウェー、３位アイスランド、４位スイスという具合に、89ページの世界GDPランキングとは顔ぶれが異なる。日本はひとりあたりGDPだと世界で13位となる。

（出典:総務省統計局『世界の統計2007』）

付加価値とは生産活動で新たに生産されたもの

1個100円でリンゴを卸している農家が新たに生みだした付加価値は、農薬や肥料などの原材料費40円を引いた60円分となる。

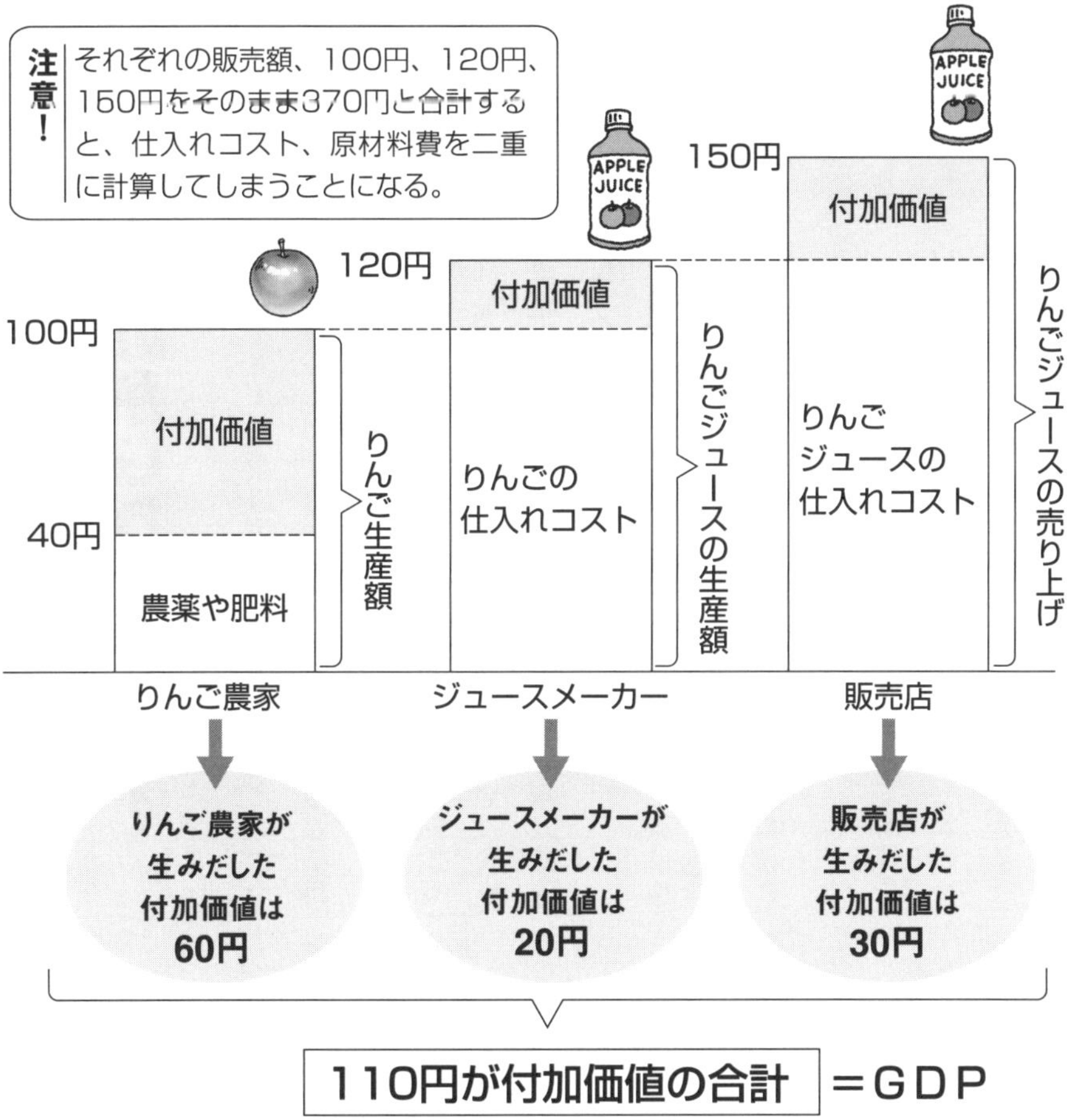
注意！
それぞれの販売額、100円、120円、150円をそのまま370円と合計すると、仕入れコスト、原材料費を二重に計算してしまうことになる。
APPLE JUICE
APPLE JUICE
150円
120円
100円
40円
付加価値
農薬や肥料
りんご生産額
付加価値
りんごの仕入れコスト
りんごジュースの生産額
付加価値
りんごジュースの仕入れコスト
りんごジュースの売り上げ
りんご農家
ジュースメーカー
販売店
りんご農家が生みだした付加価値は60円
ジュースメーカーが生みだした付加価値は20円
販売店が生みだした付加価値は30円
110円が付加価値の合計 ＝GDP

超一流の料理人が生みだす付加価値は、いったいいくらになるのか？

作る、買う、得る、それぞれの合計がＧＤＰを示す

ＧＤＰを生産者側から見てみよう。企業は資本、労働、土地といった生産要素を投入し、財やサービスを生産する。得た売り上げから原材料費を引いた額が付加価値だ。これを合計したものがＧＤＰになる。

ＧＤＰを、財やサービスを購入する側から見ると、家電なら一般消費者（消費支出）が、自動車部品や小麦などの生産要素なら企業（投資支出）が、公共の橋や建物、道路などは政府が、資金を出している（政府支出）。これらすべてを合計するとＧＤＰとなる。

さらに企業が得た付加価値の動きからＧＤＰを見てみよう。企業は生産要素を得るために対価を支払う。土地を借りているなら地代。銀行から資金を借りているなら利子。そして労働者には賃金。これらはすべて付加価値から捻出されており、受け取る側の所得となる。

つまり生産されたものは消費（支出）され、消費は対価として所得を生む。以上のことから、「生産」と「支出」と「所得」のそれぞれの合計がすべてＧＤＰを示し、この3つは等しい関係にあることがわかる。これをＧＤＰの**三面等価**とよんでいる。

商品が売れ残った場合はどうなるの？

メーカーで作られたパソコンは、すべてが売れるわけではない。メーカーはコストを払ってパソコンを作ったのに、売れ残りは収入にならない。そうすると「生産」＝「所得」の関係が崩れ、三面等価の原則が成り立たなくなってしまう。

そこで経済学では、売れ残りは「在庫投資」として計上する。GDPでは「在庫」も需要があったものとしてカウントするのである。

3つの側面の合計はすべて等しくなる

GDPには、生産・支出・所得の3つの面があり、これらはすべて等しい関係にある。GDPはどの面からも算出することができる。

生産面で見る	100円の商品を生産する	500円のサービスを提供する	すべての生産面の合計
支出面で見る	100円の商品を購入する	500円のサービスを購入する	すべての支出面の合計
所得面で見る	100円の収入を得る	500円の収入を得る	すべての所得面の合計

（すべての生産面の合計 ＝ すべての支出面の合計 ＝ すべての所得面の合計）

GDPへのアプローチは3つ、ピンへのアプローチは無限

どうして景気はよくなったり、悪くなったりするのか

GDPが伸びれば景気はよくなり、逆にマイナスになれば悪くなる。
景気はどんな時代でもよい、悪いを交互に繰り返して循環する。

マクロ経済学の3大要素

景気の鍵を握るのは「政府」「企業」「家計」の3つの経済主体。支出を抑えたり、増やしたりすることが景気循環の引き金になる。

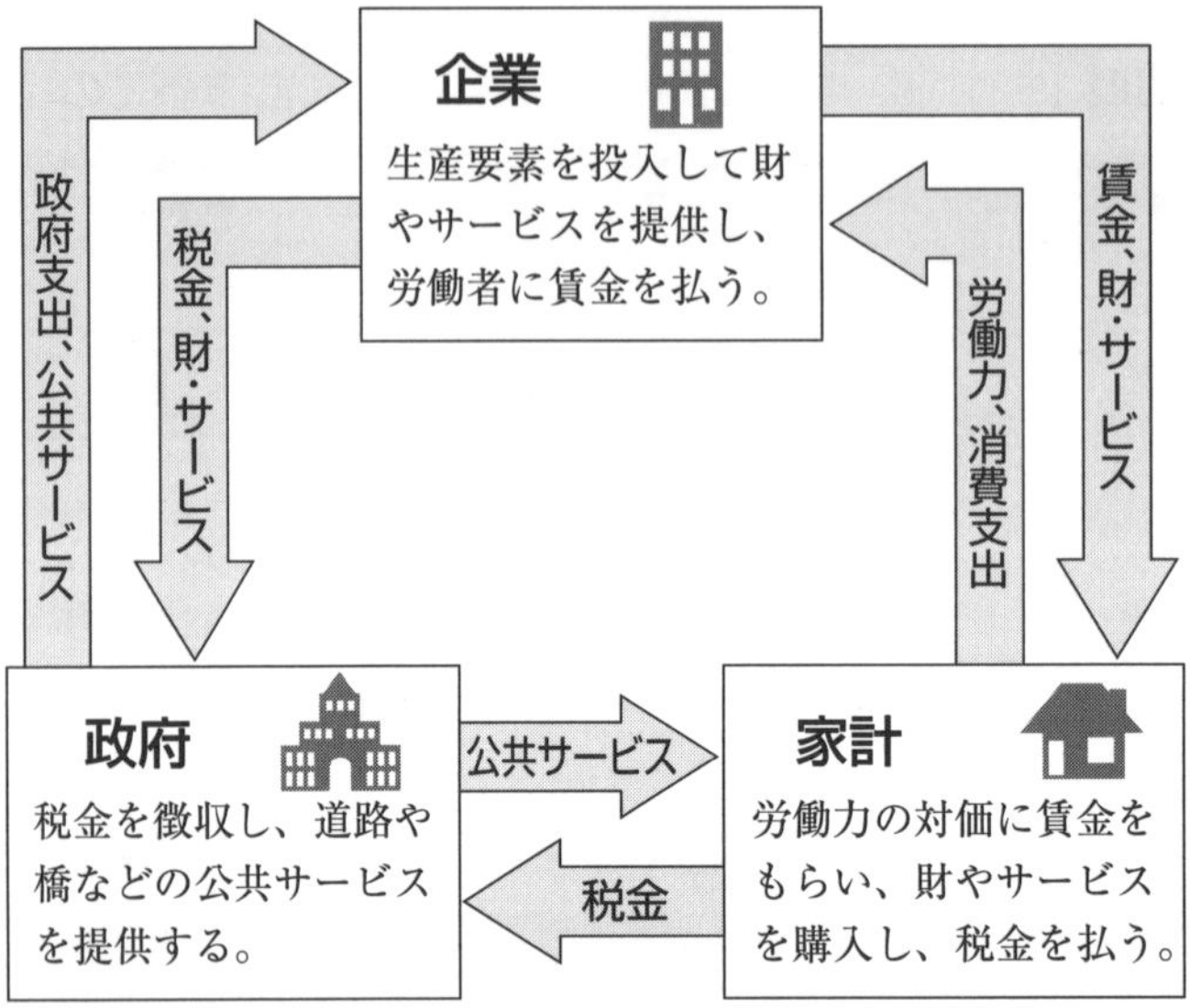
企業
生産要素を投入して財やサービスを提供し、労働者に賃金を払う。
政府支出、公共サービス
税金、財・サービス
労働力、消費支出
賃金、財・サービス
政府
税金を徴収し、道路や橋などの公共サービスを提供する。
公共サービス
税金
家計
労働力の対価に賃金をもらい、財やサービスを購入し、税金を払う。

景気循環の周期は4つ

景気循環（好況→後退→不況→回復→好況）は4つのパターンがあり、一定の周期がある。

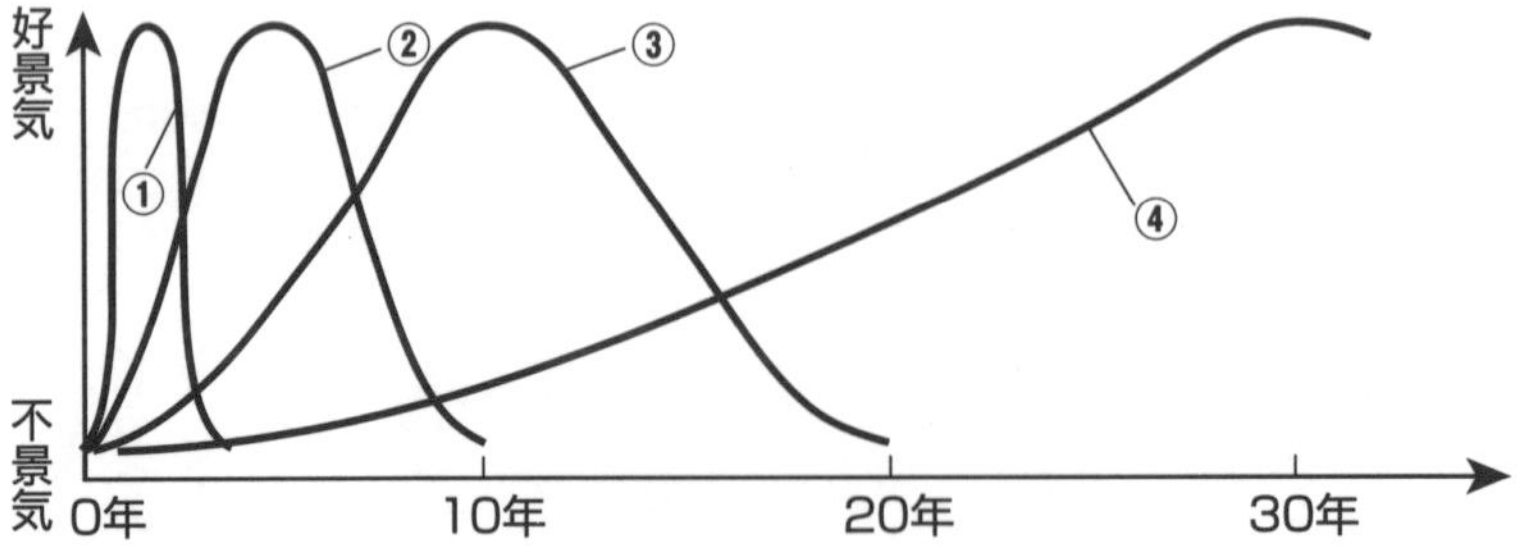
好景気
不景気
0年
10年
20年
30年
①
②
③
④

①在庫投資の変化で起こるキチンサイクル（約3年）
②設備投資の変化で起こるジュグラーサイクル（約10年）
③建設循環の変化で起こるクズネッツサイクル（約20年）
④技術革新の変化で起こるコンドラチェフサイクル（約60年）

需要と供給のミスマッチが景気変動を生む

景気変動は需要と供給のミスマッチが大きな要因。景気変動は必ず起こるが、その波の大きさや期間は予測が困難。

需要＞供給		需要＜供給
需要が多いので価格を上げても売れ、利益が増加する。	企業	需要が少なく供給が過剰となり、価格を下げないと財やサービスが売れず、利益が減少。
会社が利益を上げると賃金が上がり、その分、消費が増加して需要がさらに増える。	家計	企業の利益が減ることで賃金も減少。消費を控えるので需要はさらに冷え込む。
企業と家計の収入が増えることで税収もアップ。社会資本や公共サービスに使われる。	政府	企業や家計の収入が減ると徴収する税金も減り、社会資本や公共サービスが滞る。

3つの経済主体からGDPは構成される

GDPの伸び率が好況の指標なら、景気をよくするにはGDPをどう上げるかにかかってくる。三面等価の原則を踏まえ、総供給＝総需要の方程式が成り立つ。

「総生産＝総支出」の関係式

$$Y=C+I+G+EX-IM$$

Y＝国内総生産
C＝消費（Consume）
I＝投資（Investment）
G＝政府支出（Government）
EX＝輸出（Export）
IM＝輸入（Import）

ＹとはGDP（国内総生産）のことをさす。そして国内総生産は、家計で消費されたC、企業などで投資されたＩ、政府で消費されるG、そして国内で生産され海外で消費される輸出品ＥＸの総和と等しくなる。さらに、国内で消費される輸入品ＩＭは、国内の生産では追いつかなかったものなので、マイナスとして計上する。

Y、つまりGDPを上げるには、C、I、G、EXのいずれかを増やす

「財布のひも」の締め具合が景気を左右する

景気を左右するのはGDPの伸び率だ。前ページ（95ページ）で紹介したように、GDPには「総生産＝総支出」の関係式が成り立つ。伸び率を上げるには、これら支出項目のいずれかを伸ばせばよい。支出項目のなかで一番割合が高い項目が、全体の約6割を占める「C」の**消費**だ。消費活動の拡大・縮小が景気を大きく左右する。

消費とは、私たちが生活を営むために必要な支出だが、この額はほぼ決まっている。劇的に拡大することはない。しかし、たとえば10万円の臨時収入があったとすればどうだろう。2万円を貯蓄して、残り8万円でほしいと思っていた耐久財を購入するかもしれない。

この例は収入が増加することにより、心に余裕ができて財布のひもがゆるむ現象だ。将来に不安を感じると、逆に貯蓄額の割合が増え、消費に回らない。消費者の心理＝消費マインドによって景気の行方が左右される。

経済学では、収入増加分をいくら貯蓄に回し、いくら消費するかを示す割合を**限界消費性向**とよび、景気動向を確認する指標にしている。

「貯蓄のパラドクス」が深刻な不況をまねく

消費マインドが刺激されないと、消費は自然と減速し、限界消費性向が小さくなり貯蓄が増える。お金が銀行に集まる分、企業が借り入れを通じ投資を増やせばよいが、消費の減速を懸念し、投資を控える。すると企業の生産が縮小、労働者の所得が減り、さらに消費が冷え込む。貯蓄も減退する。

こうした悪循環は「貯蓄のパラドクス」とよばれ、不況時にしばしば見られる現象だ。

「総生産=総支出」の関係式　**Y=C+I+G+EX−IM**

給料は、使うか、貯めるかに分けられる

労働力で得た賃金（所得）は、消費する分と貯蓄に回す分の２つに分類される。収入が普段より増加したとき、消費に充てられる割合を、「限界消費性向」とよぶ。

限界消費性向

たとえば、１万円の臨時収入があるとき、いくらを消費に回すか。その割合で消費行動を探り、景気の行方を見る。

追加で１万円の収入があると……
6000円を消費して、4000円を貯蓄する
10000円×0.6=6000円
Aさんは、限界消費性向が60%

追加で１万円の収入があると……
8000円を消費して、2000円を貯蓄する
10000円×0.8=8000円
Bさんは、限界消費性向が80%

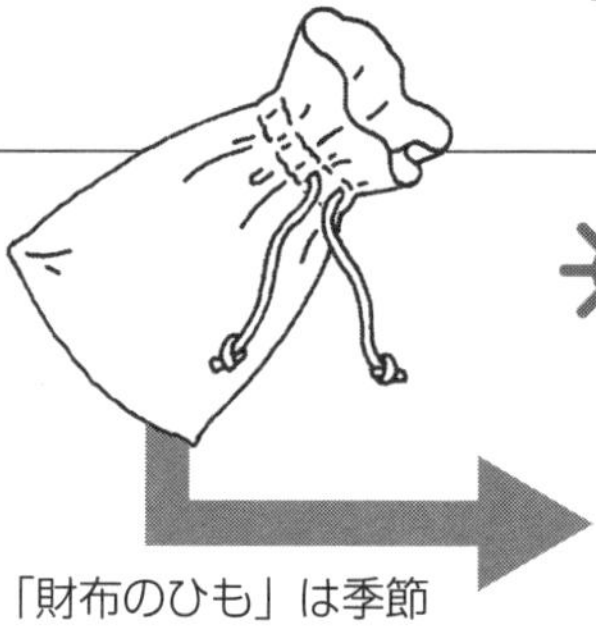

「財布のひも」は季節や天候などによってゆるくなることも

天候などでも左右される

冷夏の年では、ビールの消費量やエアコンの販売台数が減少する。雨が降ると屋外レジャーやスポーツ試合が中止になったりして、消費が減少する。消費マインドは気分屋で、予測がとても困難なものである。

暑い夏にはビールがよく売れる。ボーナスの時期にはなおさら

お金を借りて行う投資は、利子が高いと減る

GDPのなかで消費に次いで2番目に大きな比率を占めるのが**投資**だ。投資とは、企業が新たなプロジェクト（生産のための機械設備や建物増築など）を実行するために必要な支出のこと。95ページで紹介した式の「I」の部分にあたる。消費動向は、個々の影響が全体に波及するまでゆるやかに動くが、投資は1件あたりの規模が大きいため、件数が少なくてもGDPの金額を左右する。

投資を行う場合、ほとんどの企業は金融機関から融資してもらう。そのときの判断材料は金利水準の高低だ。

投資は、金利水準と、企業のプロジェクト（製品の開発・製造・販売等）を実行した際に予想される利益とを比較し、利益のほうが大きいと判断すれば実行する。

金利は投資活動をコントロールする力を持っており、経済に大きく波及する。金利の上げ下げは慎重に行われなければならない。日本では日本銀行（中央銀行）が判断し、経済動向や物価の上昇率（予想インフレ率）を見ながらコントロールしている。

経営者の期待が投資を増加させる

金利水準と投資には密接な関係があるが、金利水準の動きを的確に予想することは難しく、投資＝利益になるとは限らない。その判断は最終的に経営者に委ねられることになる。

経営者が金利水準をにらみ、投資をするか否かを決定する動機のひとつに、将来への期待がある。先行きが明るい見通しなら無理をしてでも投資をすべきと判断し、逆に暗ければ、金利水準が低くても弱気になり、慎重になることもある。

「総生産＝総支出」の関係式　Y＝C＋I＋G＋EX－IM

利子率が下がると、GDPは増加する

GDPのなかで２番目に比重の大きい投資（I）。金利水準が低ければ投資が増え、GDP増加に大きな影響を与える。

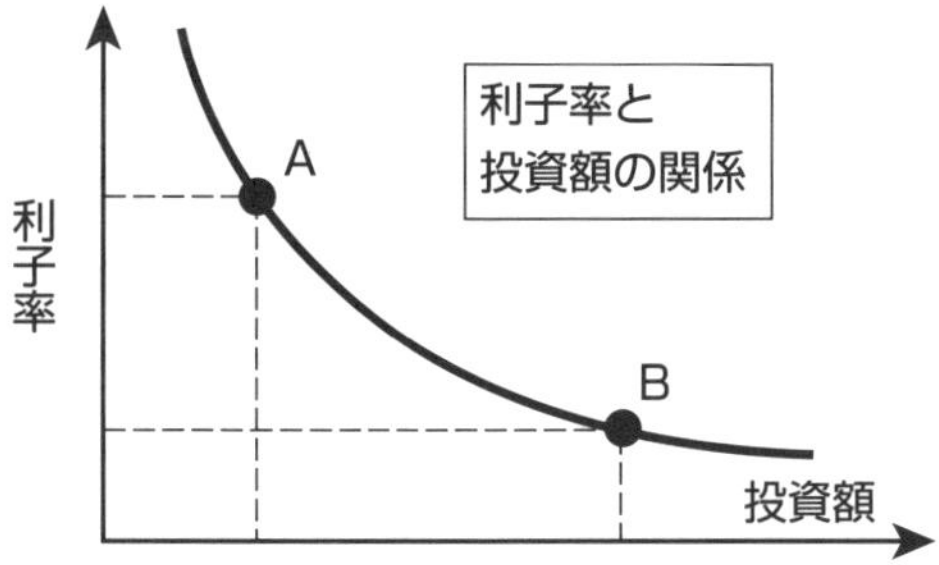
利子率と
投資額の関係
A
B
利子率
投資額

A点のとき

B点より利子率が高く、資金を借りにくい。そのため企業の投資が減速する。

B点のとき

A点のときより利子率が低く、資金を借りやすい。これにより企業の投資が活発化する。

投資額が増加すると、GDPは上がる。
利子率が下がれば、投資額は増加する

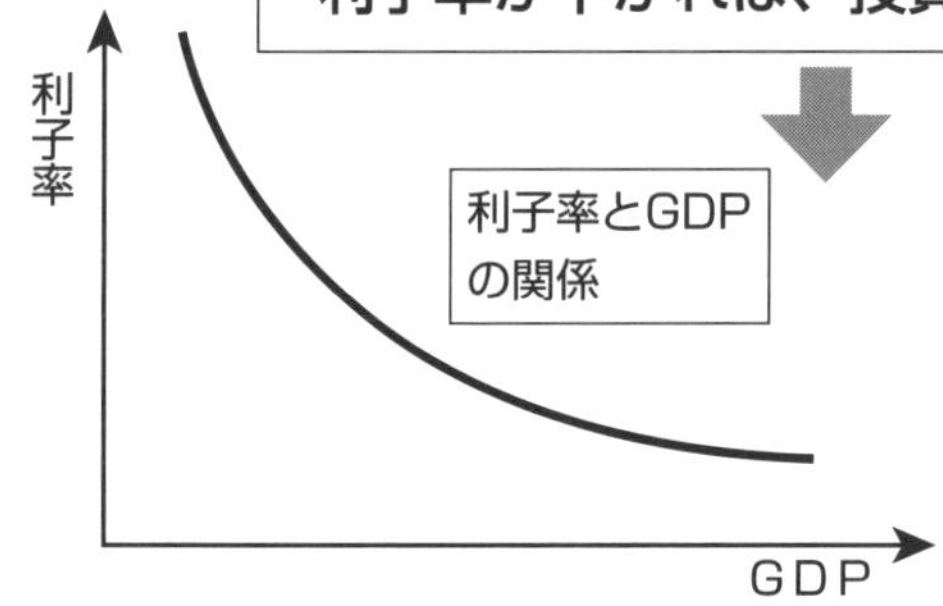
利子率
利子率とGDP
の関係
GDP

利子率を下げれば、GDPは増加する

思い切って生産ラインを増やしたんだ
いまなら金利も下がってるしな

貿易相手国の経済状況、為替相場に影響される

資源の少ない日本にとって、**輸出入**はGDPの重要な構成要素を占めている。GDPは日本国内で生産された付加価値の総計。輸出「EX」はそのままGDPに加算される。反対に輸入「IM」は相手国の生産分なので、GDPの控除項目となる。

つまりGDPを引き上げるには輸出を増やし、輸入を控えればよい。だが、輸出入は相手国あっての取引、相手国の事情によって変動する。

輸出の変動要因は相手国の経済状況だ。たとえばアメリカ経済が好調なときはアメリカ人の消費マインドは刺激され、日本製品をよく買ってくれ（輸出増）、GDPは増加する。一方、輸入は国内経済の事情を反映する。景気が悪ければ消費や投資が落ち込み、輸入も減少する。輸入額が落ち込めばGDPの減少は抑えられる。

円安・円高とよばれる為替レート（P154参照）の変動も輸出入に大きく影響する。たとえば1ドル＝80円（円高）だと、海外では日本製品が高くなり輸出が鈍るが、国内では輸入が増加する。1ドル＝140円（円安）になると逆の現象が起きる。

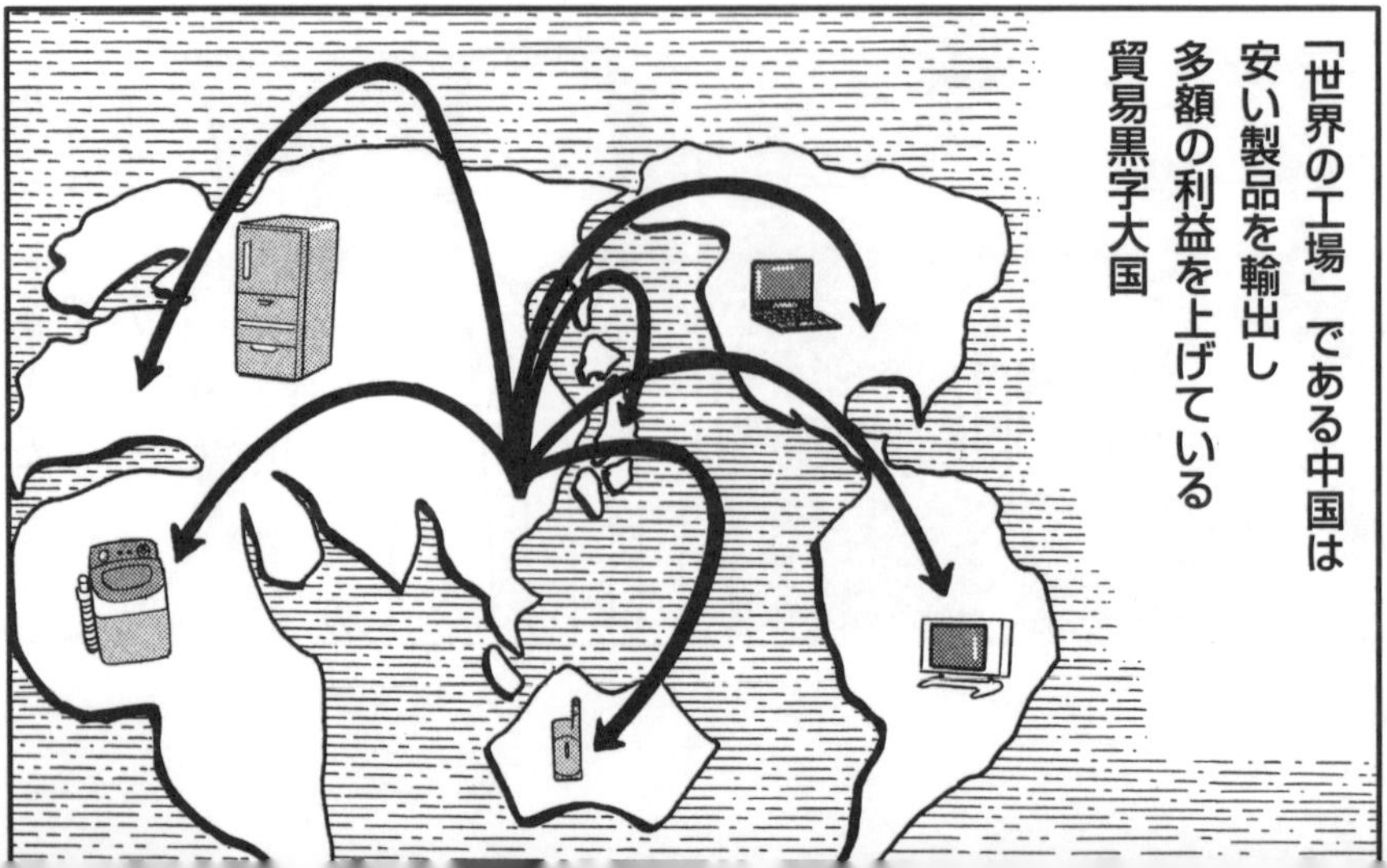
「世界の工場」である中国は
安い製品を輸出し
多額の利益を上げている
貿易黒字大国

輸出は相手の国の経済を犠牲にする

輸出は日本のGDPを上げるが、相手の国にとっては輸入になり、GDPが下がる。輸出があまり伸びると相手国の経済にダメージを与える。

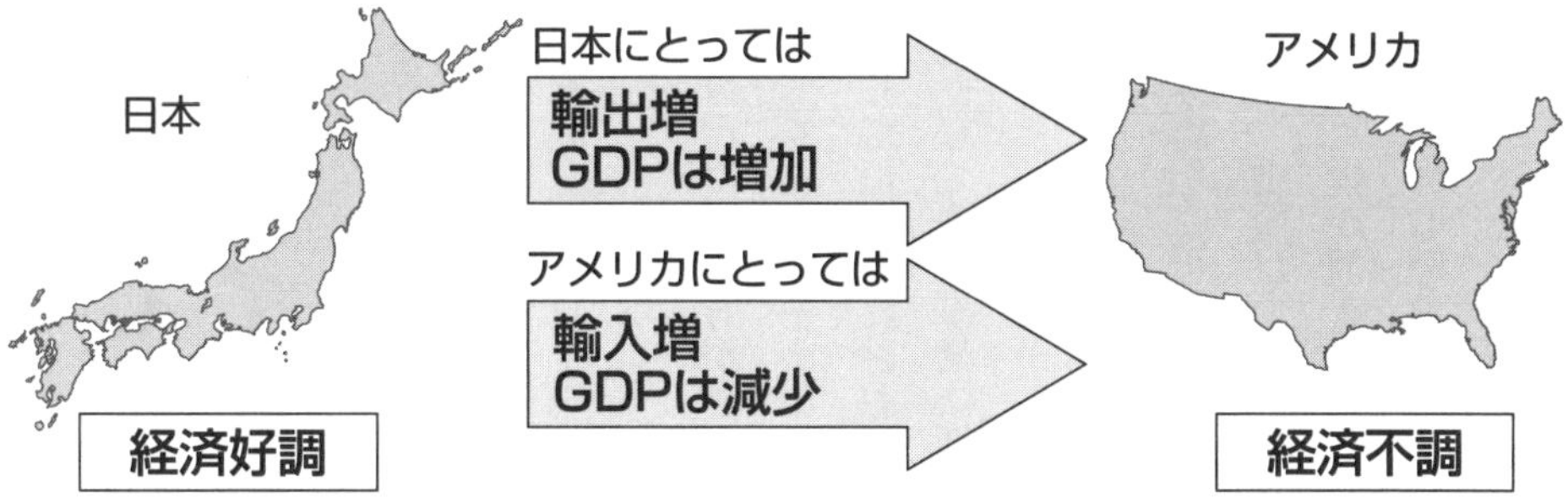

輸出入は為替相場の影響を受ける

日本円で200万円の車をアメリカに輸出して、円安・円高それぞれの為替レートのケースで比較してみる。輸入の場合は逆の作用が働く。

1ドル
=80円のとき

1ドル=80円のとき、200万円の車は2万5000ドルに。価格が高くなるので、需要は減り、輸出も減少する。

1ドル
=100円のとき

1ドル=100円のとき、200万円の車は2万ドルに。価格が低いと需要は増加し、輸出も伸びる。

輸出の多いひとり勝ちは貿易摩擦を生む

輸出が増えるとGDPも増加するが、相手国にとっては輸入となるのでGDPをおし下げる効果がある。つまり、他国を犠牲にして自国の利益を得ているともいえる。これが貿易摩擦という問題だ。

輸入を受け入れてばかりいると自国の経済がダメージを受けるので、貿易相手国は「輸入制限」や「関税率引き上げ」といった強硬措置に踏み切り、自国の経済を守ろうとする。

GDPをおし上げるため、政策によって調整する

景気を支えるために政府が動くことがある。それが公共事業（公的固定資本形成）などだ。ＧＤＰの構成項目「Ｇ」がそれにあたり、不況のとき、政府が唯一コントロールできる景気刺激対策で**政府支出**とよばれている。

公共事業を行うには政府が資金を提供するが、その元手は税金だ。必要な資金をすべて税金でまかなえれば問題ないが、日本政府は現在、常に歳入が不足して恒久的《こうきゅうてき》に財源不足となっている。そこで、国債発行という借金を増やして公共事業に投資しようとする。国債とは、国が資金を必要とするとき、投資家から資金を集め、借り入れ証書として発行する債券のことだ。国は利子をつけて投資家に返すことになる。

国債発行で集めた資金で公共事業を増やすと、確かにＧＤＰは底上げされる。しかし、借金はいずれ返済しなければならない。その元手は税金。結局国民の負担が増えることになる。また、国債発行が増えると企業の投資を阻害してＧＤＰのＩに影響を与える。政府支出増が必ずしもよい結果をもたらすとは限らない。

金融資産をさまざまな形で持つ

これまで日本では個人の金融資産といえば「現金」と「預貯金」が主だった。欧米では、資産を債券や株式、投資信託などに回して運用する人が多い。

近年、日本でも「投資」という概念が普及し、資産を投資に回す人が増えてきた。一般に利子率が高いときは利回りを期待し、さらに、債券の値上がり時期に売却して、利益を得るのだ。上にあげた国債も債券の一種。

「総生産＝総支出」の関係式　Y＝C＋I＋G＋EX－IM

政府の行動が民間企業の投資を消す

GDPの上昇を狙った政府支出（公共事業）が民間企業の投資をおしのけてしまうことがある。これを「クラウディング・アウト」とよぶ。

1 政府支出（G）が上がり、GDPは増加

上の「総生産＝総支出」の式により、Gが増えればYも増加する。Gは政府がコントロールできる唯一の項目。国債などを発行して公共投資を増やし、GDPを増加させることができる。

2 GDPが増加すると経済が活性化する

経済が上向くと取引が活性化し、債券や株よりも使い勝手のよい現金を持とうとする。

貨幣需要の増加

人々は債券を売って現金化しようとする。この動きが広がると債券相場は暴落。

利子率の上昇

債券を保持する魅力を保とうとして、利子率をアップさせる。

3 利子率が上がり、投資（I）が減少

利子率アップは、企業が投資するための借入コストを上昇させ、投資を減少させる。つまりGは増えてもIが減る。GDPをおし上げる効果が減ることになる。

クラウディング・アウト現象

政府支出を増やした結果、企業投資が、〝おしのけられる〟現象が起こる。GDPは必ずしも増えない。

この高速道路もそうなの？
そうだ　これも公共事業の一部なんだ

物価の動きを考えない見方と、考える見方がある

もし、「ＧＤＰが昨年より2倍に増えた」とすると、ものすごい経済成長として世界中から驚嘆されるだろう。しかし、すべての財やサービスの価格が2倍になっていたとしたらどうだろう。たとえば収入が30万円から60万円に増えても、すべての物価が2倍だとしたら、購入できる量は同じで、実質は昨年となにも変わっていないことになる。

では、財やサービスの値段が昨年と同じで、ＧＤＰが2倍に増えたとしたらどうだろう。ＧＤＰの「三面等価」の原則から、所得も2倍となり、たとえば年１回の海外旅行が、今年は２回できるということで、実質的に経済活動が大きくなったということを示す。

ＧＤＰの変化の大きさは同じでも、財やサービスの価格（物価）によって経済活動の実質が変化してしまう。生産量×市場価格として求める単純なＧＤＰを**名目ＧＤＰ**、物価の上昇・下落を考慮して、実質的なＧＤＰをはかったものを**実質ＧＤＰ**というように分類し、本当の経済力を見る。日本の場合、１９５５年と２０００年を比較すると、名目ＧＤＰは60倍増だが、実質ＧＤＰは約10倍増になる。

指数で物価の動きを知る

物価の動きを把握するために用いられるのが物価指数だ。ひと言で物価指数といっても、総務省が発表する「消費者物価指数」、日銀が算出する「企業物価指数」、内閣府の発表する「国内総生産（GDP）デフレーター」など、いろいろな種類がある。

これは、市場ではさまざまな取引が行われており、その特徴に合った物価指数を使い分ける必要があるからだ。

名目GDPは価格と数量で算出する

その年に生産された財やサービスの生産数量に市場価格を掛けて、生産されたものの価値を算出する。そのすべてを合計して求めたのが「名目GDP」だ。

2000年のみかんの価格と生産量

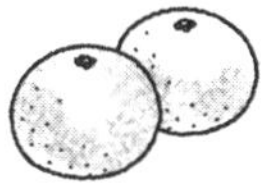

1個　100円
10個を生産

名目GDP　1000円

2010年のみかんの価格と生産量

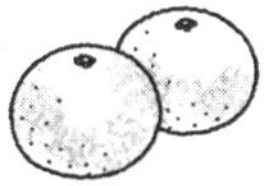

1個150円
8個を生産

名目GDP　1200円

経済は本当に成長しているのか
上図を見るとGDPは1000円から1200円なので20%成長しているように見えるが……

実質GDPは基準となる年の物価で算出する

物価変動による影響を除外し、その年に生産された財やサービスの本当の価値を算出したものが「実質GDP」。2000年の物価を基準に計算すると……。

2000年の実質GDP	100円×10個＝1000円
2010年の実質GDP	100円×8個＝800円

実質GDPで見ると20%のマイナス成長

ハフッ
ハフッ

そばも
高くなったなぁ
俺の若いころは
物価も低かった……
これも経済が
成長したって
ことなのかな……

タクシーやそばの値段を見ると、物価の変動がよくわかる。タクシーに1円で乗れた時代があった

経済規模で、日本が中国に抜かれてしまう？

各国によって労働力や生産規模が違うので、ＧＤＰの数字を見るだけでは、その国の本当の経済力は不明だ。ＧＤＰを前期と比較して変化率で表すと、経済の伸び率がはっきり見える。これが**経済成長率**だ。

日本は、１９６０～１９７０年代にかけて毎年実質約10％という高い経済成長率を達成した。ところが１９７３年のオイルショック以来、経済成長率は３～５％台に低下。１９８０年代のバブル期の３～６％を最後に、１９９１年の１％（バブル崩壊期）、それ以後、マイナス成長も経験しながら、経済成長率（実質）は２％台に落ち着いている。

経済成長率に社会の注目が集まるのは、経済成長率を踏まえ、来年度の見通しを算出して「政府経済見通し」が作成されるからだ。これにより、政府予算、地方自治体への予算配分の前提が決まり、予算編成の基本となる。経済成長率は日本経済の行方を占う大切な指標なのだ。

現在、日本の実質国内総生産はアメリカに次ぐ世界第2位。しかし、中国の経済成長率が10％前後の勢いで成長しており、十数年後には日本に取ってかわると見られている。

本来達成できるはずの経済成長率

経済成長率だけがその国の経済力ではない。経済成長率は低いが、労働や資本が最大限に使われていないケースがある。これらをフルに使うことができれば経済力は高まる。

このような状況を示すのが「潜在成長率」だ。現代の日本の経済成長率が低いのは失業問題が深刻だからだ。本来の生産能力に対し、それをカバーするだけの労働力は十分にある。そのため、日本の潜在成長率は実際よりも高いとされている。

中国が急成長している

各国の経済力を示す経済成長率は、GDPが前年度比でどれだけ伸びたかを算出して求める。

経済成長率＝ 今年度のGDP / 前年度のGDP

前年度のGDPが10兆円
今年度のGDPが11兆円のとき

11÷10＝1.1となり、前年度より10%の経済成長率を達成したことがわかる。

前年度のGDPが10兆円
今年度のGDPが9兆円のとき

9 ÷10＝0.9となり、マイナス10%の経済成長率だということがわかる。

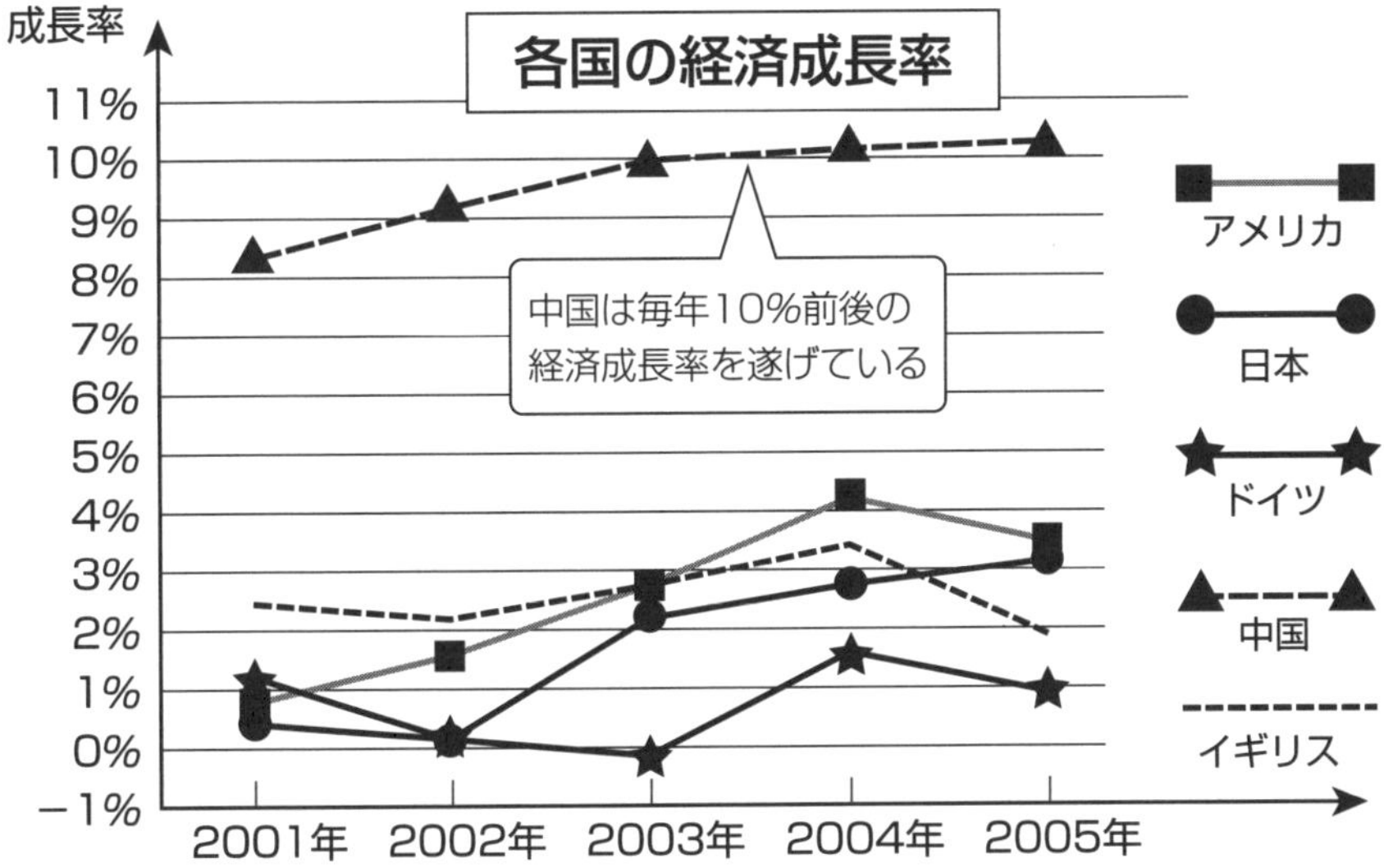
各国の経済成長率
成長率
11%
10%
9%
8%
7%
6%
5%
4%
3%
2%
1%
0%
−1%
2001年
2002年
2003年
2004年
2005年
中国は毎年10%前後の
経済成長率を遂げている
アメリカ
日本
ドイツ
中国
イギリス

（出典：総務省統計局『世界の統計2007』）

ひとりあたりGDPで見ると

2005年の中国のひとりあたりのGDPは約1700ドル。日本は約３万5000ドル。両国ともアメリカの約４万1000ドルには及ばない。しかし、中国の高い経済成長率が続けばやがて日本は追い越される。

ものだけでなく、土地や株価が高騰するとバブルになる

一般に物価は徐々に上がっていく。通常は物価上昇に応じて所得も上がるので生活に不安感はない。しかし、物価の上昇に所得が追いつかなくなると、それは実質、所得が減ったことになり、生活が苦しくなってくる。この状態が長く続くことを**インフレーション**（インフレ）とよぶ。

インフレが起こる原因は2つに分けられる。経済活動が活発で需要の伸びに供給が追いつかずに物価が上昇する「ディマンド・プル型」、そして、生産や販売に関するコストが上がり、企業が利益を確保するために生産品の価格を引き上げる「コスト・プッシュ型」だ。

インフレは通貨の価値を下げる。たとえば、１個１００円のパンが１週間後には１０００円になったとする。パンの価格が10倍に上がったということは、通貨の価値が10分の1に下落したことを意味する。

インフレはものの価格が上昇するだけの現象ではない。経済の状況と比べ、通貨の供給量が急激に増えると、金余り現象が起き、ものの消費だけではなく、土地や株式に投機的資金が流れる。すると土地や株価が急激に上昇してインフレになる。

物価が500倍以上になるハイパーインフレ

インフレの度合いをはかるのに、「インフレ率」を用いる。100円のパンが200円になればインフレ率100%となる。このような極端なインフレ（ハイパーインフレ）は実感がわかないが、世界ではしばしば起こっている。

たとえば旧ソ連が崩壊したとき、それまでの無理やツケがすべて噴出し、ルーブル通貨が暴落した。100円のジュースが、1年後に7000円（インフレ率6900%）になったこともある。

2つの原因から発生する

需要と供給のバランスが崩れると、ものの値段が上下する。その引き金となる原因は2つに分類されている。

原因1

需要が供給を上回る

景気がよいので需要が急速に拡大し、市場に供給される財やサービスが不足。ものが不足し価値が上昇、物価が上がる。

↓ ディマンド・プル型インフレ

原因2

原材料や賃金が上がる

生産に必要な原材料や輸送燃料費などが急騰。利益確保のために値上がりした分を製品価格に転嫁して、物価が上昇する。

↓ コスト・プッシュ型インフレ

インフレは一度発生すると急速に広がる

物価が上昇しはじめると、次の値上げを警戒して買い占めに走る。するとますます需要超過になる。企業も、生産要素の上昇を予想すると、事前にその分を価格に上乗せして利益確保に走る。
インフレが不安感を助長して、あらゆる市場に波及していく。

バブルに発展してしまうことも

土地や株価などが投機熱によって急騰すると、本来あるべき水準から離れてしまう。いつかははじける、または中身がないという意味で「バブル経済」とよばれる。

インフレが発生すると、値段が急上昇する

企業の収益が下がり、多くの失業者が生まれる

インフレと正反対の現象を**デフレーション**（デフレ）とよぶ。インフレは物価が継続的に上昇する現象だが、デフレはその逆に物価が下落し、その分、貨幣価値を上昇させる。たとえば、１００円のパンが50円になると、通貨の価値が2倍に高まるというわけだ。デフレが起こる原因は、供給量が需要を上回り、もの余りの状態になるからだ。企業は在庫の増加を避けるために値下げを断行してまでものを売ろうとする。

デフレは物価が下がることによって、いままで以上にものが買えることなので、歓迎される現象のように思える。だが、一部の製品や商品の値下げなら歓迎だが、社会全体で値下げが続くと困ったことになる。それは、デフレが不況をよぶ引き金になるからだ。

ものが売れないと企業収益が減る。すると企業は賃金カットやリストラにより経営体力を維持しようとする。個人は所得が減るのでものが買えなくなり、供給過多になる。するとまた値下げを……。２０００年以降の日本は、デフレによりものの価格が激しく下がり、「価格破壊」という現象が起きた。日本経済は未だにその後遺症に悩まされている。

物価の下落は必ずしも悪いことではない

供給が過剰になることで物価は下がるが、技術革新によって値下げが進む、好ましい現象もある。この現象は工業製品、とりわけ半導体関連の製品に多く見られる。

たとえば、5年前の20万円クラスの性能を持つパソコンは、いまでは５万円以下で購入できる。このような大幅な値下げができたのは、技術革新によるコスト削減と性能アップが同時に達成できたからだ。

インフレとはまったく逆の現象

デフレは供給過剰になることで物価が下がること。インフレと反対に貨幣価値が高まるが、ものが売れないので不況の引き金になる。

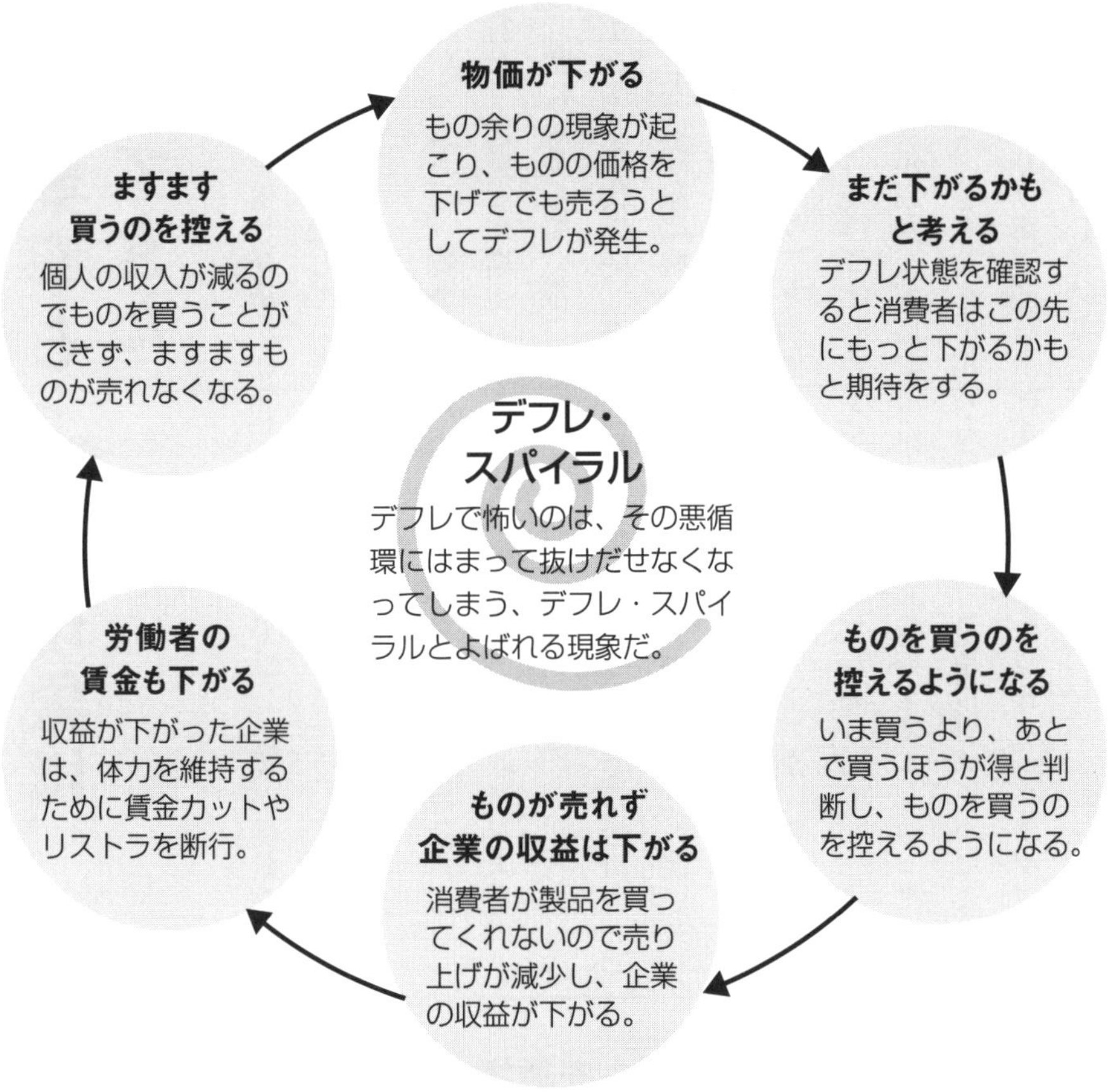
物価が下がる
もの余りの現象が起こり、ものの価格を下げてでも売ろうとしてデフレが発生。
まだ下がるかもと考える
デフレ状態を確認すると消費者はこの先にもっと下がるかもと期待をする。
ものを買うのを控えるようになる
いま買うより、あとで買うほうが得と判断し、ものを買うのを控えるようになる。
ものが売れず企業の収益は下がる
消費者が製品を買ってくれないので売り上げが減少し、企業の収益が下がる。
労働者の賃金も下がる
収益が下がった企業は、体力を維持するために賃金カットやリストラを断行。
ますます買うのを控える
個人の収入が減るのでものを買うことができず、ますますものが売れなくなる。
デフレ・スパイラル
デフレで怖いのは、その悪循環にはまって抜けだせなくなってしまう、デフレ・スパイラルとよばれる現象だ。

賃金の下方硬直性

賃金が上がることに文句はない。
しかし、賃金が少しでも下がると労働者は抵抗する。賃金カットは難しい。
これを、「賃金の下《か》方《ほう》硬《こう》直《ちょく》性《せい》」とよぶ。

しかし……
収益が下がっている企業は、なんらかの形で人件費を抑えなければならない

↓

労働者の解雇 → 失業者の発生

物価も失業率も上がる現象に、悩まされてきた

本来、インフレが発生し経済が加熱している状態では、需要が供給を上回る。市場にものが不足しているので、物価は上昇する。そしてその後は、供給を増やすため、雇用も増大する。逆にデフレが発生して経済が冷え込んでいるときは、物価は下落、業績の上がらない企業はリストラなどを断行し、失業者が増えることになる。経済は、このバランスをとりながら、常に変動していることになる。

しかし、１９７０年代以降、主要先進国の多くが、これまでの経済理論では説明できない現象に襲われた。**スタグフレーション**という、高い失業率と物価上昇が同時に進行する現象が起こったのだ。

不況（スタグネーション）と物価高（インフレーション）が同時に起こるのでスタグフレーションという合成語でよばれている。

日本では１９７３年以降、列島改造による地価高騰《こうとう》やオイルショックに伴う物価の上昇で、年率20%を超える物価高と、設備投資の縮小による不況が同時に起こり、構造的な不況が続いた。それ以後も、スタグフレーションを何度か経験している。

市場メカニズムを重視する動きが広がる

ケインズ経済学では、金融政策や財政政策を重視し、さらに社会保障制度を拡充することに主眼を置いてきた。先進国の多くは、この考え方を実践。しかし、ケインズ経済学（P48参照）では解決できない、スタグフレーションの発生によって、その考え方に懐疑的な意見も出てきた。

今日では、政府による管理政策をやめ、需要と供給が自然にバランスをとる市場メカニズムを重視する動きが主流だ。

お昼の
最近は
「大きな政府」より
「小さな政府」を
求める声が強い
ようですね

失業して賃金もなく、
物価も上がってしまうと
生活は破綻する

いままでの経済理論では説明できない現象

世界の主要先進国は、ケインズ経済学をもとに積極的に市場に介入。しかし、これまでの経済理論では説明できないスタグフレーションが発生した。

いままでの経済理論

インフレと失業率はトレードオフの関係

上昇する物価を抑えるため、つまりインフレを抑制しようとすると、失業率が上がってしまう。一方、失業問題を解決しようと、過度に公共事業を実施するとインフレが発生してしまう。ケインズ経済学の考え方では、インフレと失業率は、同時には解決できないトレードオフの関係にある。

インフレの発生
↓
政策によるインフレの抑制
↓
経済が停滞し失業者増加
↓
需要と供給のバランス回復
↓
物価は低下・安定

スタグフレーションの発生

1970年代から発生しはじめる

スタグフレーションの発生要因は、オイルショックなどによる供給ショック。生産原価や製品価格に、直接的な影響をあたえる現象で、急速に物価が上がるインフレ状態になった。一方で、経済は停滞し、失業者が増大した。

インフレの発生
↓
政策によるインフレの抑制
↓
物価は安定せず上昇を続ける → 経済が停滞し失業者が発生
物価が上昇しているとき、失業者は減るはずだった → 失業者が増えているとき、インフレは抑制されるはずだった
↓
スタグフレーションの発生

働きたい人が すべて働ける状態を目指す

失業者が増えるのは深刻な社会問題、という意見に反対の弁を唱える人はいないだろう。市場経済は需要と供給のバランスが大切で、その両方を支えているのが労働者＝消費者であるからだ。**失業**は即、消費抑制に結びつく。失業者が増えれば需要と供給はあっという間に不均衡になり、不況を加速させる。

失業者とは、働く意思があるのに働けない状態の人のことをさす。仕事をする意欲があり、仕事をこなす能力も備わっているのに働けないのは、大きな損失だ。

また、失業者が増えると、犯罪も増え、犯罪抑制への社会的なコストが増加する。失業は経済問題の大きな課題であり、政府が優先して取り組むべき問題であることがわかる。

働きたいと願っているすべての人が働ける完全雇用の経済環境を作る、これはマクロ経済学が取り組む大きなテーマである。

失業者をタイプ別に分類し、それぞれの性質や特徴を見極めることで失業者を削減する方法を検討してみたい（左ページ参照）。

「完全失業者」とは求職活動をしている人

バブル経済崩壊後に完全雇用の概念が崩れ、日本の完全失業率は急速に高くなり、現在は４％前後で推移している（それ以前は２％前後）。

日本における完全失業者の定義は「就業可能な状態にあるが仕事がなく、求職活動をしている者」。また、完全失業率は労働力人口に占める完全失業者の割合を、百分率表示したものである。

失業のタイプにもいろいろある

ひと口に失業といっても、会社倒産、リストラ、自己都合、キャリアアップと、原因はいろいろある。代表的な5つのタイプに分類し、失業の原因を考える。

構造的失業

労働市場では需要と供給が均衡しているのに、企業が求める人材と求職者の特性(年齢など)にギャップがあるために起こる失業。パート・アルバイトが増加して正規雇用者が減少しているのがその一例。

循環的失業

不況と好況の景気循環で発生する失業。労働需要に対して労働供給が超過することで起こる。好景気になると改善するが、景気が悪い状態が続くとなかなか改善しない。

摩擦的失業

転職などによる、一時的な失業状態のこと。短期的・かつ自発的であることが多い。

季節的失業

建設労働者が、冬季は積雪のため働けず失業状態に陥るような、季節・気候に左右されるもの。

技術的失業

機械化・オートメーション化により、特殊能力が必要なくなり、仕事がなくなった状態。

日本の完全失業率は4%前後で推移している

「完全雇用」は失業者がゼロということではない。経済が活況ですべての生産要素が効率的に活用され、最も失業者が少ない状態のことをさす。

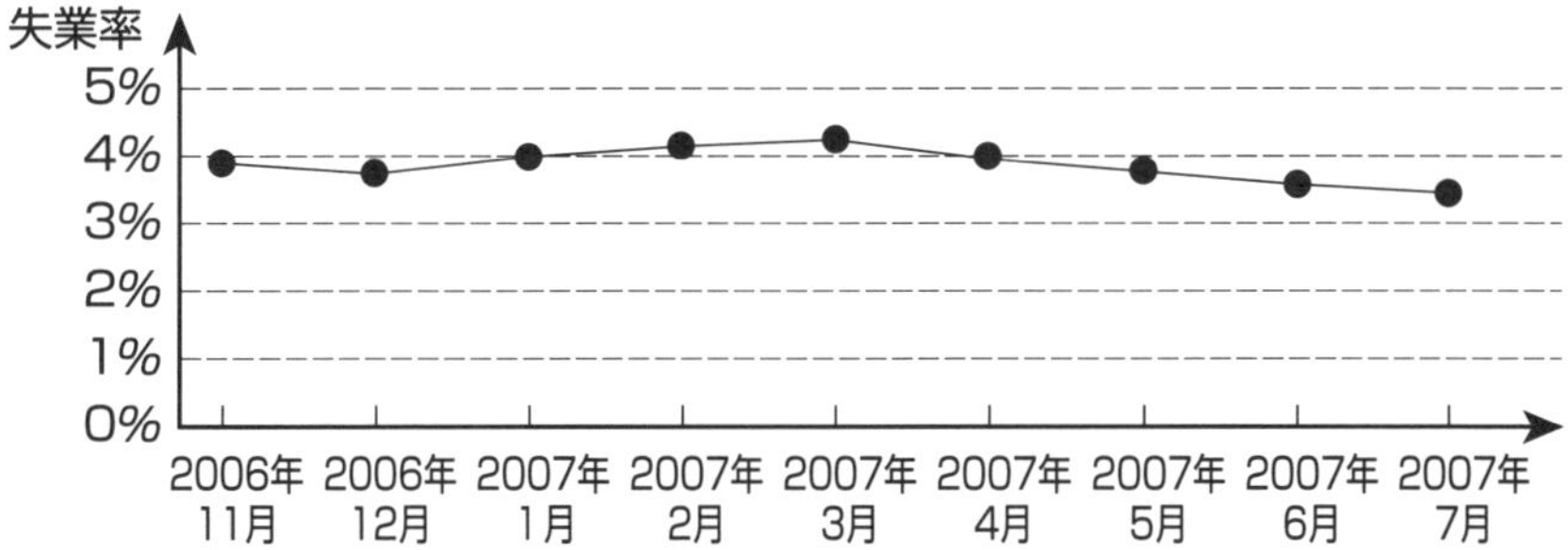
失業率
5%
4%
3%
2%
1%
0%
2006年 11月
2006年 12月
2007年 1月
2007年 2月
2007年 3月
2007年 4月
2007年 5月
2007年 6月
2007年 7月

(出典:総務省『労働力調査』)

失業率の推移

セクハラ行為を
行えば
当然、
職を失うことになる

コンピューターおたくの青年が ＩＴの世界を変えた

ビル・ゲイツは、１秒間に３４７ドルの収入を上げる、といわれるアメリカ最年少の億万長者である。

彼は学生のころすでに、ソフトウェアのプログラムを書き、給与計算や交通量分析のソフトを、企業に販売していた。同世代がまだ学生であったころから、〝ビジネス〟を行っていたのである。

その後、ビル・ゲイツはハーバード大学を中退し、本格的にビジネスの世界へと進む。

そして１９７５年、友人のポール・アレンとともに、マイクロソフト社を設立。のちにＩＴ産業をほぼ独占するとともに、莫大な富を生むことになる。

世界の富を手中にした巨人

ビル・ゲイツ

アメリカ
1955－

卓越したビジネスセンスで 巨万の富を築く

あるとき、ＩＢＭが、「ＩＢＭ初のパソコン開発のため、言語とＯＳ（オペレーティングシステム）を開発する気はないか」と打診してきた。

この話を受けて、マイクロソフトはのちの「ウィンドウズ」につながるＯＳ、ＭＳ－ＤＯＳを開発。ＩＢＭにライセンス供与し、特許権使用料をもらう取引を交わす。社員32人、利益もわずかだったマイクロソフトが、業界最大手のＩＢＭと対等以上の取引を成功させ、多額の利益を生みだし、世界を瞠目《どうもく》させる。

その後もビル・ゲイツ率いるマイクロソフトは、業界のスタンダードとなる数数の製品を作り、躍進を続けている。

第5章

マネーが世界を駆けめぐる

——金融と財政——

株式や債券への投資が盛んになり、
政策や公共投資にも影響をあたえる金融・財政の
知識が求められるようになった。

あるところからないところへ融通する

家計（人々）は、労働の対価である所得を、銀行などの金融機関に預け、必要な分を引きだすことでお金を利用している。また、お金を預かった銀行は、お金が足りない人や企業に向けて貸しだしを行っている。銀行は、借りた側（家計）に利子を払い、融資した相手から利子をもらう。その差し引きが銀行の利益となるわけだ。

銀行の主な融資先は企業だ。たとえば工場を新設したいとき、自己資金が足りなければ銀行から融資を受ける。

いい換えれば、銀行を仲介して企業にお金を融通しているわけだ。これを「間接金融」とよぶ。

家計が手に入れた所得を、預金という形ではなく、投資信託などに預けて運用してもらう方法がある。株式や債券などがこれにあたる。これらは、家計が主体となって直接取引をするので「直接金融」とよぶ。

金融機関を通じてお金が多方面に流れることにより、経済活動は活発になる。**金融**は「経済の潤滑油《じゅんかつゆ》」とよばれ、経済発展に欠かせないシステムのひとつなのだ。

お金にもレンタル料が必要。それが利子

「借りる」というと、通常、DVDや車のレンタルを思い浮かべる。これらはレンタル料を払うことで利用できる。金融機関も同じで、お金を商品としてとらえている。

銀行は家計（人々）から「利子」というレンタル料でお金を借り（預金）、集まったお金は、企業から利子をもらうという条件で貸しだす（融資）。株式や債券にも「配当」や「クーポン（利札）」という形でレンタル料が支払われる。

さまざまな方法でお金を融通する

家計にあるお金は、金融システムを通じて企業に融資される。お金は、利子や配当、クーポンなどのレンタル料として、家計に戻るという循環を繰り返す。

家計

貯蓄や投資などで金融システムに流れる。

直接金融

企業が発行する株式、債券、または国が発行する国債などを、家計が直接購入する。

間接金融

家計が銀行にお金を預け、銀行が企業に貸しだす。銀行は利子というレンタル料を企業からもらい、家計に払う。

金融機関

家計が保有している「すぐに使う必要のないお金」を投資信託会社などに預け、運用するという形で企業に融資。

企業

株式や債券を発行することで、資金を集める。

ほとんどの資産が現金・預貯金に偏っている

金融市場にお金が流れることで経済は活性化するが、日本の場合は預貯金に集まる傾向がある。アメリカと日本を比較してみよう。

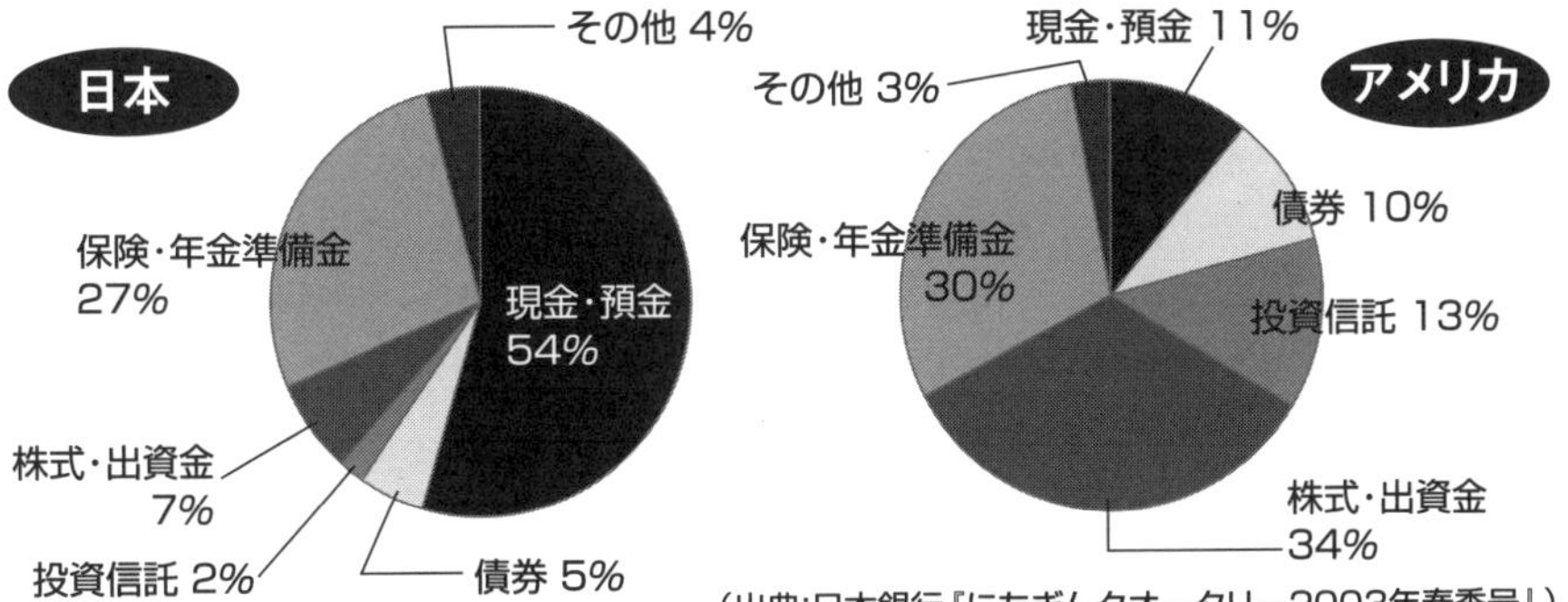
日本
現金・預金 54%
保険・年金準備金 27%
株式・出資金 7%
投資信託 2%
債券 5%
その他 4%
アメリカ
現金・預金 11%
債券 10%
投資信託 13%
株式・出資金 34%
保険・年金準備金 30%
その他 3%

(出典:日本銀行『にちぎんクオータリー2003年春季号』)

日本銀行には3つの役割がある

世界にはドルやユーロ、円などのさまざまな通貨が流通している。このような通貨を発行する機関を**中央銀行**とよぶ。アメリカのドルには連邦準備制度理事会、ヨーロッパのユーロには欧州中央銀行、日本の円には日本銀行という具合だ。そして中央銀行には3つの大きな仕事がある。

発行している通貨を商品にたとえると、中央銀行のひとつ目の仕事がよく理解できる。家電メーカーは自社製品を保証する。これと同じように中央銀行も通貨を保証しなければならない。それは通貨の価値を下げないこと。つまり物価を安定させることだ。日本銀行は通貨を発行すると同時に流通量を調整して物価を安定させている。これが第一の仕事だ。

銀行という名がつくことからわかるように、日本銀行もお金を融資する。その相手先は一般銀行などの金融機関だ。これが中央銀行の第二の仕事で、このため中央銀行は「銀行の銀行」とよばれる。

中央銀行には預金口座もある。その名義人は政府。政府は、中央銀行からお金を引きだして使う。この口座を管理することが中央銀行の第三の仕事だ。それゆえに中央銀行は「政府の銀行」ともよばれる。

日本銀行の経営は？

日本銀行は「政府の銀行」とよばれることから、税金でまかなわれている国営機関のように思う人がいるかもしれないが、政治と金融を分離させるために独立法人となっている。

資本金は1億円。政府が55%、それ以外を個人や金融機関などが出資している。出資者には出資口数を証した「出資証券」が発行されるが、株式会社とは異なり、出資者は経営に関与することはできない。

一般の銀行では行わない特殊な業務

中央銀行は、景気が過熱したら冷やし、逆に冷え込んだら暖めることで、物価の安定をはかる。「物価の番人」とよばれるゆえんだ。

1 発券銀行としての役割

日本のお札は「日本銀行券」と印刷され、発行元が記されている。日本銀行の注文を受け、「国立印刷局」が製造する。

通貨の流通量の調整も行う（P122参照）

2 政府の銀行としての役割

国は徴収した税金や国債の売却代金を日本銀行へ預け、公共事業の資金や公務員の給与を支払うときに引きだす。

政府は日本銀行に口座を持っている

日本銀行

一般の消費者に対しては、銀行業務を行わない

3 銀行の銀行としての役割

日本銀行の顧客は一般銀行や証券会社、保険会社などの金融機関。銀行へ貸しだしを行っている。

準備預金制度

日本のすべての金融機関は、日本銀行への預金を義務づけられている。預金保有額のうち、一定の割合を日本銀行に預金しなければならず、この比率を「預金準備率」とよぶ。

日本の紙幣はすべて日本銀行から発行されたもの。アメリカのドルは連邦準備制度理事会が発行する

通貨供給量を調整して、物価を安定させる

物価安定を最優先する日本銀行（日銀）にとって、インフレやデフレは好ましい状況ではない。そこで市場に供給されている通貨供給量（マネー・サプライ）を調整して、経済活動を安定させようとする。

マネー・サプライが増加、または減少することで、物価は上下する。必要以上のお金が市場に供給されると「金余り」の状態を生み、通貨価値が下落してインフレ（物価上昇）状態になる。逆に、市場に供給されるお金が不足すると「もの余り」の状態になり、デフレ（物価下落）になる。どちらの現象も回避したい日銀は、通貨供給量の動きを監視し、市場に出回る通貨量が適量となるよう調整する。

これが**金融政策**とよばれるものだ。

金融政策には「公定歩合操作」「公開市場操作」「預金準備率操作」という3つの代表的な方法がある（左ページ参照）。これらを用いて、不況のときには世の中に出回るお金の量を増やしたり（金融緩和）、物価が高騰しているときはお金の出回る量を減らしたり（金融引き締め）して、経済活動を安定させる。

人の力でインフレを起こす政策もある

インフレを人為的に操作し、ある程度のインフレとなるまで日銀が通貨供給量を増やし続けるという政策をとることがある。「インフレターゲット」とよばれる方法だ。

日銀が通貨の流通を増やせば多くの通貨が出回り、人々はものを買うようになる。景気が活発化し、物価は上昇（インフレ）するという考え方だ。かつて、日本のデフレ経済を脱出する方法として真剣に議論されていた。海外ではインフレを抑制するために、インフレターゲットを用いる場合がある。

マネー・サプライが景気を左右する

社会に流通しているお金＝マネー・サプライの増減により、景気の動きを調整している。マネー・サプライには現金だけではなく、預金も含まれる。

マネー・サプライ＝現金＋預金

流通するお金の量が増えているとき

流通するお金の量が減っているとき

過熱 ←→ **冷え込み**

景気がよいと企業が設備投資を増やし、銀行から融資を受ける。するとお金の流れがよくなり、消費が進んで物価が高騰する。

景気が悪いと消費が冷え込み、企業も投資ができなくなる。お金の流れも悪くなる。ものが売れないので物価が下落する。

日銀は3つの方法で物価安定の舵をとる

マネー・サプライを適正水準に保つため、日銀は「公定歩合操作」「公開市場操作」「預金準備率操作」の３つの舵《かじ》で景気、物価をコントロールしている。

1 公定歩合操作

日銀が一般銀行にお金を貸しだす際の金利（公定歩合）を調整し、市中金利を変動させる金利政策。

公定歩合が下がると、一般銀行は融資を低金利にできるので、企業などの設備投資が盛んになり、経済が刺激される。

2 公開市場操作

日銀が金融機関に国債や手形を売買することで、市場のマネー・サプライを調整。

インフレのとき、国債などを金融機関に売却。市場の資金を吸収（売りオペ）する金融引き締め政策をとる。

3 預金準備率操作

日銀が預金準備率（Ｐ121参照）を操作、一般銀行が貸しだしに回せる資金量を調整する。

預金準備率が上がると、一般銀行はより多くの預金を日銀に預けなければならず、企業や個人向けの貸しだしが減少する。

背景には、金融市場の弱体化がある

日本政府は、護送船団方式とよばれる厳しい参入規制、業務規制や金利規制で金融機関が安定的な利益を上げられるように保護してきた。しかしバブル経済が崩壊すると、事態は一転する。国際競争力を失っていた金融機関は、多額の不良債権を抱え、経営破綻するところが続出したのだ。そこで政府は金融市場の規制緩和を行い、金融市場や証券業界の国際化をはかる方向に大きく転換。これを**金融ビッグバン**とよぶ。

金融ビッグバンの大きな狙いは２つだ。ひとつは、間接金融中心の経済を直接金融へシフトさせること。これまで保護してきた金融業の業態ごとの垣根を取り払い、金融市場を自由化した。これにより多様な金融商品が生まれ、これまで預貯金中心であった１５００兆円もの個人金融資産が投資信託や株式へと向かうことになった。

これに伴い、市場原理に基づいて金融市場が活性化。その勢いで東京の金融市場を、ロンドンやニューヨークと並ぶ国際金融市場に育てるのが２つ目の狙いだ。日本の金融市場が世界に開かれたことで、外国資本が日本にどんどん流入してきている。

1500兆円もの個人金融資産が眠る

日本の個人金融資産は1500兆円。その50％が金融機関の預貯金として眠っている。ところが、バブル経済がはじけて、「銀行は倒産しない」という神話があえなく崩壊。預貯金にも個人の責任がのしかかってきた。これにより、個人金融資産が投資信託や株式などの直接金融にシフトしてきた。

金融システムが大きく変わったいま、だれもが金融について正しい知識を持つことが求められている。

世界で戦うため金融市場も改革を迎えた

金融自由化で個人金融資産が直接金融へ流れはじめ、外国金融機関も日本市場に参入。日本の金融市場は世界に開かれ、競争が激化している。

異業種からの参入
ソニーやセブン&アイ・ホールディングスなど、小売業が金融業に参入。

新しい金融商品の登場
インターネットバンキングの利用や、外貨預金が自由に行えるようになった。

業務範囲の自由化
証券会社など一部でしか売買できなかった投資信託が銀行などでも販売可能に。

制度・ルールの整備
これまで統制されていた、株式の売買手数料などが自由化された。

消費者の保護
金融商品販売に対し、詳細な説明を義務づける「金融商品取引法」が施行された。

2本の柱

国際金融市場へ
東京証券取引所を、ニューヨーク、ロンドンに並ぶ国際金融市場に発展させる。

直接金融中心へ
預貯金に偏っていた個人金融資産を直接金融へ流れるようにし金融市場を活性化。

証券会社だけでなく、銀行でも投資信託が買えるようになった

株式公開は「一人前の会社」の証

株式を公開するには、企業の売り上げや利益、将来性、さらに内部体制など一定の審査基準を満たす必要がある。ハードルは高い。

株式公開は資金調達の手段

株式を公開すると、企業が乗っ取られる危険もあるが、証券市場で資金調達が可能になるため、事業発展には有効な手段となる。

企業
資金を調達するために株式を発行して証券市場で売りにだす。

株券 →
← 資金

投資家
企業の業績や将来性を判断して証券市場を通して株式を購入する。

企業の得るものは…

新たな資金の調達
銀行などの融資とは違い、返済が不要な、純粋な資金調達方法。これを元手にして事業を拡大したり、新たな事業が展開できる。

投資家の得るものは…

キャピタルゲイン
株を売買して得られる利益。80円で買って100円で売れれば20円の利益。

インカムゲイン
企業が株主に対して支払う配当。業績によって配当は変わる。

株価は常に変動している

株価は売買の状況で刻々と変化し、景気動向にも反映する。株価の動きは主に「TOPIX（東証株価指数）」と「日経平均株価」で見ることができる。

TOPIX
東京証券取引所に上場されている第1部全銘柄を、時価総額（株価×株式数）で計算する。1968年1月4日の時価総額を100として、現在の時価総額を計算する。

日経平均株価
東京証券取引所第1部上場銘柄のうち、代表的な225銘柄の株価を単純平均したもの。採用銘柄を定期的に入れ替えるので産業構造の変化に対応できる。

郵 便 は が き

お手数ですが、
50円切手を
おはりください。

151-0051

東京都渋谷区千駄ヶ谷4-9-7

(株) 幻冬舎

「知識ゼロからの経済学入門」係行

ご住所 〒□□□-□□□□ Tel. (- -) Fax. (- -)			
お名前	ご職業		男
	生年月日 年 月 日		女
eメールアドレス：			
購読している新聞	購読している雑誌	お好きな作家	

◎本書をお買い上げいただき、誠にありがとうございました。
質問にお答えいただけたら幸いです。

◆「知識ゼロからの経済学入門」をお求めになった動機は？
① 書店で見て ② 新聞で見て ③ 雑誌で見て
④ 案内書を見て ⑤ 知人にすすめられて
⑥ プレゼントされて ⑦ その他（ ）

◆本書のご感想をお書きください。

今後、弊社のご案内をお送りしてもよろしいですか。

（ はい ・ いいえ ）

ご記入いただきました個人情報については、許可なく他の目的で使用することはありません。

ご協力ありがとうございました。

株式公開で巨万の富を得られることも

上場基準を満たした企業は、社会的信用がとても大きい。取引や人材確保にも有利に働く。

A社の場合で考えてみる

100万円の資本（額面50円×２万株）で創業。株式はすべてA社が所有。

A社

現在の保有資産は500万円に増大。上場を決意して、２万株のうち5000株の売却を決意。

上場申請

証券取引所

株式が、市場で売買できるようになることを「株式公開」、そのために証券取引所に株を公開することを「上場」とよぶ。倒産すると上場が廃止される。

株式上場の審査基準

証券取引所は、東証、大証、ジャスダックなどがあり、市場ごとに審査基準が異なる。審査項目は、発行済株式数・株式の分布状況・時価総額・収益状況など。

上場基準クリア

A社株はいくらが妥当?
現在の保有資産が500万円で発行済株式数が２万株。１株250円（500万円÷２万株）が妥当と考えられる。

「公募価格」の設定
公開されていない「未公開株」の公開業務を引き受けた証券会社が、A社の将来性などを見て売り出し価格を決定。

「公募価格」の決定
公募価格が300円に決定すると、A社に300円×5000株＝150万円の現金が入る。

取引開始
買い注文と売り注文が入り、同数になって売買が成立した株価が「初値」となる。

初値が500円のとき
500円×２万株＝1000万円が会社の価値に。

初値が200円のとき
200円×２万株＝会社の価値は400万円に……。

合併・買収は、競争力を強化する戦略のひとつ

現代の企業経営には意思決定のスピードが求められている。そんな時代に新規事業をゼロからはじめるのは、時間と手間がかかりすぎる。そこで、新たに展開しようとしている事業のノウハウを持っている企業と、合併および買収する方法を選択する。これを、合併と買収のそれぞれの英語頭文字をとって**M&A**とよぶ。

合併とは、2社以上の会社がひとつの法人にまとまること。買収とは、企業の一部ないし全部を買い取ることだ。株式取得と営業譲受（事業買収）の2種類の買収方法がある。

ひと口にM&Aといっても、そのレベルはさまざまだ。相手企業の株式を100%取得した場合は、自社のなかに相手企業を完全に取り込む「子会社化」となる。しかし、M&Aは必ずしも株式を全部取得する必要はない。株式の持ち株数に応じて議決権を得ることができ、事実上、相手企業の経営方針をコントロールできるからだ（左ページ参照）。現代のM&Aは経営戦略の一環として競争力を強化するため、相手企業の得意分野だけを取得することが多い。

敵対的買収と株式公開買い付け

M＆Ａ（Mergers ＆ Acquisitions）は相手企業の株式を取得することで実現するが、相手が拒否した場合、証券取引所を通して買い付けようとしてもスムーズに進まない。

そこで強引に株式を買い占めたい場合には、株式公開買い付け（TOB）とよばれる、証券取引所を通さない株式取得方法が用いられる。相場より高値をつけて公募するので株主からの「売り」が期待でき、一気に買い集めることもできる。

M&Aは持ち株比率がものをいう

M＆Aは相手企業の株式を何パーセント取得しているかで、影響力が変わる。相手企業の一部分の事業だけに注目しているなら、全株を取得する必要はない。

5%まで取得した

短期間に株式を大量保有すると株価が乱高下する。そこで上場株を5％以上取得した場合は、「大量保有報告書」を財務局に届ける必要がある。

5%まで取得

3分の1以上取得した

株主総会の「特別決議」は3分の2以上の賛成が必要。つまり、3分の1以上を取得すれば「拒否権」が発動でき、経営をコントロールできる。

3分の1
以上取得

過半数を取得した

取締役選任や自己株式取得に対する決議などを行える。事実上の子会社としてコントロールすることができる。

過半数取得

100%取得した

完全に子会社化。いわゆるグループ会社として相手企業の機動力を生かすことができ、販路の拡大や自社の弱い点を補うことができる。

100%取得

ほんのわずかであっても、過半数を取得すれば、通常決議は行える

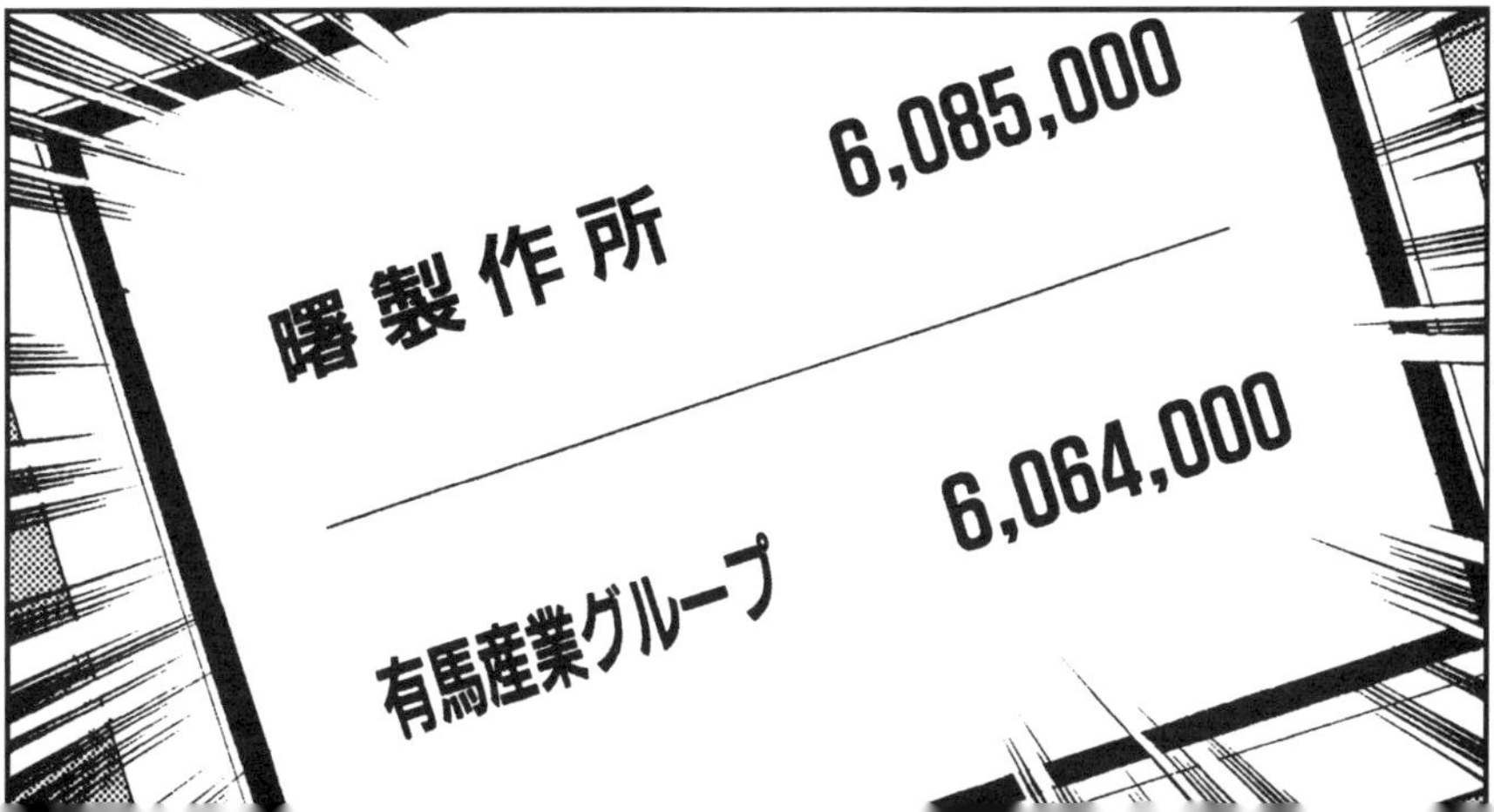
曙製作所 6,085,000
有馬産業グループ 6,064,000

国も企業も資金調達のため借金をし、証明書を発行する

企業の資金調達の方法のひとつが株式公開だが、そのほかにも**債券**という方法で一般投資家から資金を集めることがある。債券とは、不特定多数の投資家に対して発行する有価証券のこと。債券は借用証書と同じで、一定期間を経過すると額面の金額と利子が受け取れる。

債券には、投資家や発行体にいくつかのメリットがある。

まず、現金の借用証書とは違い、期限前でも他人に譲渡＝現金化できるので投資家は短期の運用目的で債券を購入できる。

一方、発行体は、決められた利子（クーポンレート）を支払うだけでよい。期限まで返済する必要がないので、長期の資金調達に適している。

期限まで保有すると額面の金額と利子が受け取れる、ということは、運用収益が決定していること。計画的に資産を運用できる。さらに、債券はさまざまな法律（商法・財政法など）によって保護されている。比較的安全な投資法として、利子収入を目的に資産運用している人も多い。

債券にはさまざまな種類がある。国や地方自治体、公共団体、企業、また外国の政府も発行しており、証券会社で購入できる。

リスクが高すぎるんじゃないか？
島よ
リスクを恐れていたら投資なんてできないぜ
ハイリスク・ハイリターンだ！

株式と債券の違い

資金調達を目的に発行するという点では、債券は株式と同じ。しかし、株式は経営に口を出せるが、債券には発言権がないなどの違いがある。

	元本	配当	経営に関する発言権	リスク
債券	保証されている	一定の利子率でもらえる	なし	デフォルト・リスクなど
株式	保証されていない	業績によって変化	あり	株価の変動リスクなど

デフォルト・リスクとは

デフォルトとは、約束された通りに元本・利子の支払いが行われないこと。たとえば会社が倒産すると、債券が無効になる可能性もある。格付け機関が評価する「格付け」が債券の信用目安となる。

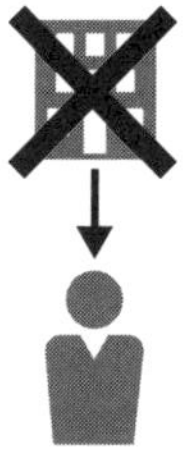

企業が倒産すると
↓
購入者に元本・利子が支払われない恐れがある

株式に関連する債券がある

直接金融の代表的な手段でもある債券は、金融商品のなかで一番種類が豊富。企業をはじめとして、常に新しい債券が発行されている。なかには発行体の株式と交換できる債券もある。

ワラント債

通常の社債と同じ価値があるほか、発行体の株式を一定価格で買い取る権利がついている。

ワラント債 → 株式／債券

転換社債

社債の元本・利子収入の確実性と、株式の値上がりによる収益性を兼ね備えた商品。

債券 → 転換できる → 株券

ハイテク技術を使った金融派生商品が台頭してきた

高度な数学とコンピューターを駆使して、金融商品から派生して生まれる「権利」や「義務」を取引するデリバティブが盛んになってきた。

デリバティブは“権利”を取引する

金融商品には価格変動などのリスクがついて回る。それを相《そう》殺《さい》する手段として考えられたのがデリバティブだ。2つの特徴がある。

リスクヘッジ効果

先物取引のように、この先に起こるかもしれない為替の変動で資産価値が上下することを防ぐ。危険を回避するという意味でリスクヘッジとよぶ。

レバレッジ効果

小さな力を大きな力に変える「テコの原理」（レバレッジ）のように、少ない保証金で、何倍もの取引が可能。リスクもリターンも大きい。

先物取引

江戸時代の米相場が起源とされる先物取引。米の取引で先物取引の例を見てみよう。

今年は米が不作で値上がりしそうな気配。収穫がはじまる前に米を買う予約をしたい。

田植え期

半年後、1キロ1000円で買う契約をする。

収穫期

豊作

米は豊作で値下がりして1キロ800円に。取引は失敗。

不作

米は不作で値上がりし、1キロ1500円に。先物取引は成功。

スワップ取引

スワップとは交換という意味で、等価のキャッシュ・フローを交換する取引の総称。同じ価値を持つ将来のお金の流れを交換する取引。

ドルで資金を借り入れ → 返済は円で

円で資金を借り入れ → 返済はドルで

将来の金利・為替変動リスクを管理する手法として非常に重要な地位を確立している。

オプション取引は権利放棄もできる

オプション取引

債券や株式などを将来の一定期間内に、指定の価格で買い付ける権利（コールオプション）、または売り付ける権利（プットオプション）を売買する取引。価格が上がっても下がっても利益が生じ、権利は転売や放棄ができる。

1株100円のB社の株の例で見てみる

コールオプション
債券や株式を一定の価格で買うことができる権利。値上がりリスクに対する保険の役目がある。

プットオプション
債券や株式を一定の価格で売ることができる権利。値下がりリスクに対する保険の役目がある。

B社の株は上がる!

1株100円で買えるコールオプションの権利を20円で購入

↓

株価は150円まで上昇

権利を行使すると
1株100円＋オプション料20円＝120円で購入。150円－120円で30円の利益。

権利を転売すると
購入したオプション料（20円）より高く売れれば、その差額が利益になる。

B社の株は下がる!

1株150円で売れるプットオプションの権利を30円で購入

↓

株価は90円まで下落

権利を行使すると
150円で売って60円の差額。オプション料30円を引いて30円の利益獲得。

もし、株価が160円に上がっても
権利を放棄して市場の時価で売れば損失は出ない。

国をも揺るがすビッグマネーを動かす

ヘッジとはリスクを回避すること。このことから派生して、相場変動のリスクを回避するデリバティブ技術を駆使して、利益を上げていく投資集団を**ヘッジファンド**とよぶ。

ヘッジファンドは、もともとは１９４０年代に生まれた投資手法のことで、１９７０年代から徐々に活発になり、１９９０年代には世界の金融市場の主役に躍り出た。株式だけでなく、通貨や債券などの金融商品でも、あらゆる手法を使って縦横無尽《じゅうおうむじん》に投資を行う。ひと握りの巨大ヘッジファンドがレバレッジ効果をフル活用して、手持ち資金の何百倍ものお金を動かしている。

このビッグマネーを駆使して利益を上げるヘッジファンドが動くと、国の経済すらも崩壊しかねない。アジアや南米、ロシアなどで相次いで発生した通貨危機は、このヘッジファンドが原因ともいわれている。

ヘッジファンドは、国家でも対抗できないほどの資金力を持っている。国や地域の経済に壊滅的なダメージをあたえ、大混乱に陥れることもあるのだ。

企業再生ファンドが倒産直前の企業を救う

ヘッジファンドは一部の資産家や機関投資家のものだが、投資信託以外で、個人投資家が参加できる「企業再生ファンド」がある。

「企業再生」とは債務超過に陥った企業を健全な経営状態に戻すこと。そのための資金面を担うのが企業再生ファンドだ。具体的には、倒産直前の企業を買収し、企業の立て直しをはかり、企業価値を高めたうえで転売して利益を上げる。

ヘッジファンドは多額の資金を運用して利益を上げている
情報を投資に活かすのだ

実態は投資のスペシャリスト集団

資金を運用するファンドマネジャーは、証券会社などで優秀な実績を持つ、資金運用のプロ中のプロ。自らも出資し、高利回りを狙って大胆に活動する。

豪華な経営陣

運用実績のあるトレーダーやノーベル経済学賞受賞者、さらに元首相クラスの人材を顧問に迎え、その人たちが持つパイプから得た情報を、投資などに活かしている。

レバレッジ効果をフル活用

デリバティブ取引の大きな特徴は、少額で大きな取引ができるレバレッジ効果。ヘッジファンドではこのような金融技術を巧みに使い、大きな利益を上げる。

ヘッジファンド

世界中の資産家や機関投資家から豊富な資金を集め、運用して巨額の利益を上げる。

世界中の株式市場・債券市場・為替市場へ投資

投資信託との違い

投資家から資金を集める投資信託と似ているが、ヘッジファンドは、限られた資産家や機関投資家から巨額な資金を集める。

⇒ 少人数なので公共性が低く、投資信託のような細かい規制を受けず、リスクの高い大胆な投資が可能。

元手がなくても株式の売買ができる

食料品や日用雑貨をスーパーマーケットに出かけて購入するように、株式は証券会社で購入することができる。そして、スーパーマーケットでは現金がなくてもクレジットカードで決済できるように、証券会社では手元に資金がなくても、資金や株式を借りることで取引ができる。

現金で株式を購入することを「実物取引」、そして資金や株式を証券会社から借りて株取引をすることを「**信用取引**」とよぶ。実物取引では「買い」からしか入ることはできないが、信用取引の場合は「売り」から入ることもできる。信用取引で株式を買うことを「信用買い」、売ることを「空《から》売り」という。

信用買いの場合は、通常の株取引のように株価が上昇すればその分を利益として回収できる。逆に空売りの場合は、株価が値下がりしたら、買い戻した時点で利益となる（左ページ参照）。

信用取引を行う際は、証券会社に信用取引口座を作り、保証金を入金する。この保証金が資金や株式を借りる際の担保となるわけだ。担保は債券や他の株式でも可能だ。

意図的な株価の操作は規制の対象に

元手が十分なくても株式の売買ができるので、意図的に大量に売買することで特定の株取引を過熱させ、株価を操作することも可能だ。個人投資家の信用取引では量が少ないので問題ないが、機関投資家が行うと不測のリスクが発生し、株式市場の信用問題に発展してしまう。

こうしたリスクを回避するため、さまざまな規制を設けて取引の過熱感を緩和、市場が正常に機能するようにしている。

持っていない株式も売ることができる

信用取引は元手が十分なくても大きな取引ができる。ただし、６ヵ月以内に決済しなければならず、思惑と反対に株価が動くと損をしてしまうこともある。

1株100円の株を売買する場合

空売り		信用買い	
株価は下がると予想		株価は上がると予想	
証券会社に２万株借りて売りに出す。100円×２万株＝200万円が手元に残る。		証券会社に200万円借り、株を買う。200万円÷100円＝２万株が手元に残る。	
株価80円に	株価120円に	株価80円に	株価120円に
80円×2万株＝160万円で2万株を買い戻し、証券会社に返す。40万円の利益。	120円×２万株＝240万円で株を買い、証券会社に返す。40万円損失。	80円×2万株＝160万円で株を売り、200万円を証券会社に返す。40万円損失。	120円×2万株＝240万円で株を売り、200万円を証券会社に返す。40万円の利益。

投資相談
株式コーナー
信用取引なら島さんのお財布でも十分リターンが期待できますよ

資金を集める新たな方法が、アメリカではじまった

企業の代表的な資金調達法として、金融機関からの融資と株式発行がある。だが、このほかにも不動産の**証券化**という方法がある。

たとえば、都心の一等地に高い価値の自社ビルを持っている企業は、これを売却すれば巨額の現金が手に入る。しかし、高額な物件は買い手を見つけるのが困難だ。

このようなときに、不動産を証券化する。巨額な不動産価値を小分けにし、これを投資家に売ることで資金が調達できる。

不動産を証券化する際には「特別目的会社」を設立し、そこに不動産を譲渡する。次に資産担保証券を発行し、投資家に向けて販売する。別会社を設立するのは、企業の業績が悪化したとき、不動産価値が企業収益に吸い込まれないようにするためだ。別会社に譲渡することで、不動産価値だけを純粋に管理する狙いがある。

不動産を証券化した企業は、不動産を譲渡したので自社ビルではなく賃借料を払いビルを利用する。特別目的会社は賃貸料を受け取り、その収益を配当として投資家に分配する。

収益が見込めれば証券化の対象になる

証券化は、一定の収益が期待できるものであれば、対象は不動産に限らない。たとえば、住宅や自動車などのローンも利用者から定期的に収入が得られるので証券化できる。銀行が行っている企業融資を証券化すると、銀行は現金が手に入り、投資家は企業から返済を受ける形で収益を上げられる。

最近では、ゲームソフトの開発費を調達するために、完成ソフトの売上金を担保にした証券が発行されたこともある。

不動産の証券化で資金を調達する

業績が落ち込み、設備投資に資金が必要でも、銀行から融資を受けられないことがある。そんなとき、企業が現金を手に入れる方法のひとつに、不動産の証券化がある。

C社の証券化の例で考えてみる

なぜ、わざわざ別会社を作るの？
C社が直接証券を発行するとC社の業績によって、不動産価値が左右されてしまう。

Cビル

C社
資産価値1億円の本社ビルを持っているC社。業績不振のため、ビルを売却したいと考えたが、買い手がなかなか見つからず、証券化を検討した。

→ 証券化のため別会社を設立
→ Cビルの所有権譲渡
← 1億円

特別目的会社
特別目的会社は1億円の不動産を細分化、たとえば500万円×20口の証券にして投資家に売る。すると1億円の収益を上げられる。

証券 ↓ ↑ 1億円

C社はどうなるの？
自社ビルを譲渡したので、特別目的会社に賃借料を払うことでビルを使い続ける。

→ 賃料

証券の購入者
特別目的会社にはC社から定期的に賃借料収入がある。この売上金を、証券を持っている株主に配当する。

ブロードウェイのミュージカルはバッカーズとよばれる投資家から資金を集めて上映されるヒットすると、バッカーズへ配当がある
CATS
Garden
CATS
Hawaii Kai
IROHA SUSHI
JAPANESE RESTAURANT

アメリカの住宅ローン問題が世界中を巻き込んだ

低所得者向けの住宅ローン（サブプライムローン）の焦げ付き問題が、アメリカの住宅バブル崩壊の予兆となり、世界の株式市場に波紋が広がった。

サブプライムローンとは

クレジットカードの支払いが延滞しているなど、信用力の低い個人に向けた、審査基準のゆるい住宅ローン。住宅価格の上昇が前提のローンだった。

はじめは低金利ローン
サブプライムローンは、最初の数年は金利が低いが、その後、急激に跳ね上がる。

↓

そのころのアメリカ

↓

住宅ブーム
住宅建設が盛んで、近い将来、住宅の価格は必ず上昇すると考えられていた。

住宅の価格が上がれば
住宅の資産価値が上昇すれば、それを担保にしてより金利の低いローンへの借り換えが可能。

↓

住宅ブーム沈静化

↓

住宅の価格が上がらず
住宅価格の上昇が前提のローンだったので、価格が上がらなければ、金利の低いローンへの借り換えは不可能。

金利は上がる
借り換えができず、サブプライムローンのままでいると金利は急上昇。

ローンを借りている人たちは
クレジットカードの支払いが延滞しているなどの信用力の低い、低所得者が借り手なので、金利が高くなると返済は不可能に。

↓

サブプライムローンの焦げ付き

さまざまな問題の元凶に

サブプライムローンの焦げ付きは、貸し手である住宅ローン会社や、住宅ローンを証券化していたファンドにも影響、破綻の要因に。波紋は世界に広がった。

個人	初期は金利が低いため、低所得者でも住宅購入が可能だった。 ⇨	住宅の価格が上がらないため、通常金利のプライムローンへ借り換えができず、返済が滞《とどこお》るように。
銀行・ローン会社	住宅価格上昇を見込んで、融資先を増やした。 ⇨	もともと信用力の低い低所得者が融資先。金利が急上昇すると返済が滞り、やがて不良債権に。
ファンド・企業	ハイリスク・ハイリターンの金融商品で利益を上げたい。 ⇨	サブプライムローンから派生した金融商品は、デフォルト状態に。破綻するヘッジファンドも多発。

世界中へ波紋

ヘッジファンドなどがサブプライムローンの証券を購入していた。巨額の損失による金融システムへの影響を懸念して、世界の株式市場に波紋が広がった。

サブプライムローンの影響で、世界の市場は大混乱に

税金と国債の発行が、主な収入源となる

国の経済を動かしている主体のひとつが政府だ。企業が銀行融資や株式発行などで資金を調達するのと同じように、政府も国民や企業から税金を徴収したり、国債を発行して資金を調達する。政府はこの資金をもとに3つの事業を展開する。これを**財政**とよんでいる。

財政のひとつ目の仕事は、道路や橋などの社会資本や、治安を守る警察・消防、そして教育や福祉サービスなどの「公共財の供給」だ。これらの施設やサービスは、特定の人だけが利用するという競合性や排除性などの市場原理が働きにくく、民間に運営を任せると採算が合わず、破綻してしまう。そのため、政府が調達した資金をもとに運営している。

2つ目は「所得の再分配」だ。政府は国民から所得に応じた税金を徴収している。これを累進課税制度といい、所得の高い人ほど税金が多く徴収されるしくみになっている。これには低所得者と高所得者との格差を縮める狙いがある。

3つ目は「経済の安定」だ。インフレやデフレなどの景気の変動に関与し、物価を安定させ、雇用を促進することも財政の役割だ。

市場にも政府にも失敗はつきもの

資本主義は、市場メカニズムによって需要と供給が調整される。ところが、これが通用しない領域があり、政府が財政によって是正しようとする。市場メカニズムが万能ではないので「市場の失敗」ととらえている。

一方、財政も万能ではない。ほとんど車が通らない高速道路を建設するような公共事業が展開されている。これを「政府の失敗」とよんでいる。

市場がうまく
働かない
こともあれば
政府が
失敗することもある
万能のものなど
ないのだよぉ

収入をもとに3つの役割を担う

政府の主な資金調達は税金徴収だが、これだけでは足りないため、国債を発行して借金をする。調達した資金は道路や公園などの公共財や教育・福祉などのサービスに充てられる。

家計からの収入
労働で得た収入から所得税、日常の買いものにかかる消費税などを徴収。

企業からの収入
事業で得た利益から法人税、生産要素の購入時にかかる消費税などを徴収。

国債の発行
公共事業のための建設国債などを発行して、投資家から資金を調達する。

収入

↓

政府
2007年の長期債務残高（地方を含む日本全体）は約770兆円を超えている。2006年度のGDPが約510兆円なので、債務超過に近い状態だ。

↓

役割

公共財の供給
道路や公園などのインフラ整備や、治安や教育・福祉などの行政サービス。

所得の再分配
高所得者から税金を多く徴収したり、社会福祉事業で低所得者を保護する。

経済の安定
公共事業などで雇用を促進したり、減税をして景気を刺激する。

経済が停滞しているとき、投資を行う

市場メカニズムに基づいて経済は動くが、ときには市場が過熱したり、冷え込んだりして景気が大きく波打つ。その揺れ幅を最小限に食い止めようと、種々の政策を展開する。それが**財政政策**だ。

不況時の景気のカンフル剤として用いられるのが、道路や橋、公共施設などを建設する公共事業の追加だ。これらの恩恵を受けるのは主に建設関連企業だが、新たに雇用を創出できるので、投資効果は徐々に波及し、最終的には国民全体が恩恵を受けることが期待される。また一方では、所得税や法人税を減税し、消費や投資をうながし、相乗効果で景気を刺激する。反対に景気が過熱しているときは、逆に公共事業を抑制したり、増税を行うなどの方法をとる。

また財政政策だけでなく、金融政策（122ページ参照）を同時に行い、景気を刺激したり抑制したりする。複数の方法を組み合わせ、目標を達成しようとする政策を**ポリシーミックス**とよぶ。現在は財政政策と金融政策の合わせ技が主流だ。だがバブル経済の崩壊後、産業構造が一変、これらの政策の効果が以前と比べ薄くなってきている。

国債発行は次世代へツケを残す

財政政策による支出は、基本的に毎年入ってくる税金の収入でカバーすることが基本だ。税収だけでは足りないときは国債という形で借金をして、将来返すことにしている。

しかし、財政赤字が増え続けると、いずれは大増税や福祉サービスカットといった、将来の生活に深刻な影響をあたえる可能性もある。また、借金はいずれ返済しなければならないので、次世代に重くのしかかる。

金融政策と合わせたポリシーミックスが主流

異なる分野の政策を組み合わせた政策がポリシーミックスだ。より効果の高い景気刺激策として、財政と金融の政策を同時に行う。

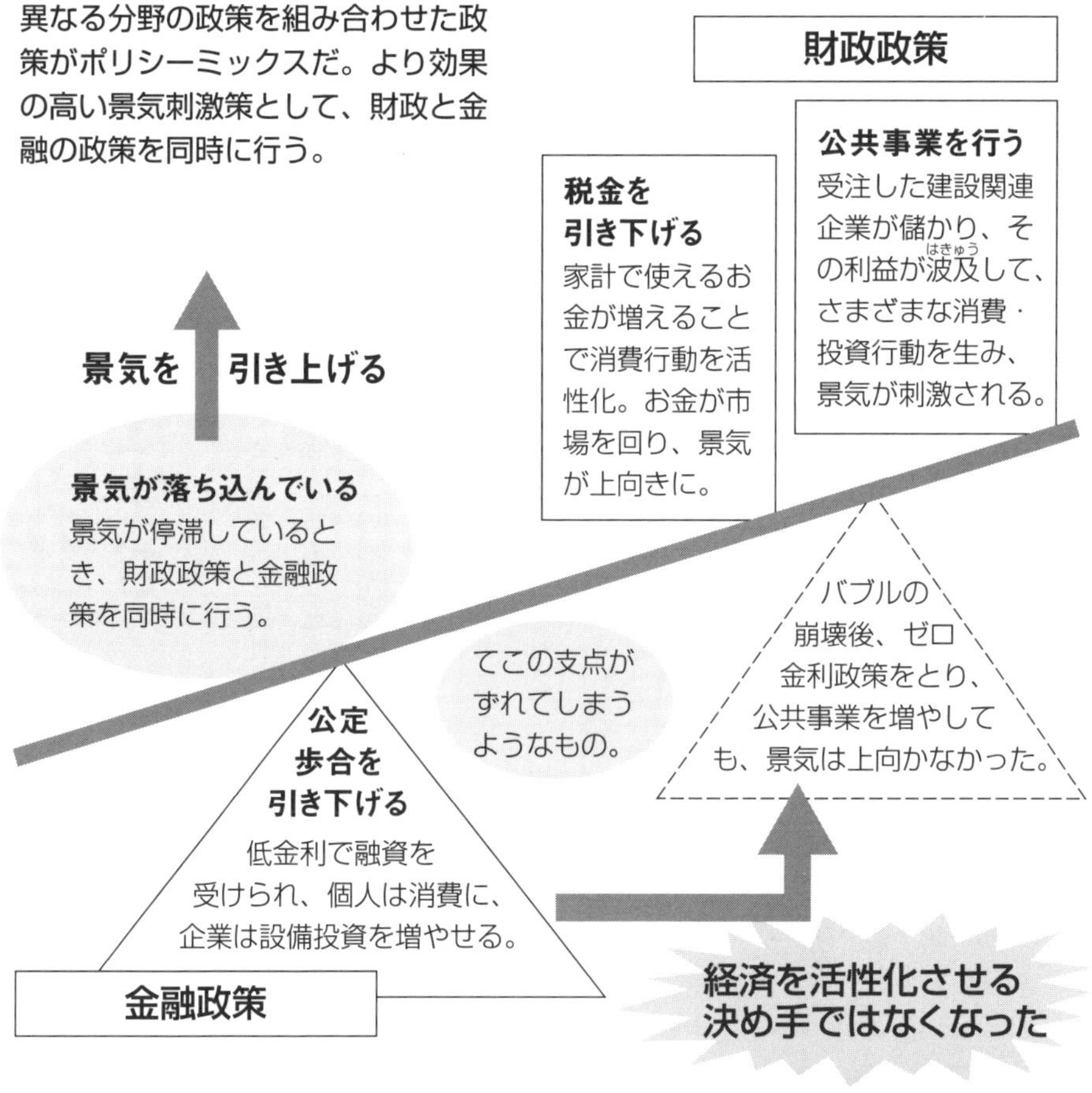
財政政策
公共事業を行う
受注した建設関連企業が儲かり、その利益が波及《はきゅう》して、さまざまな消費・投資行動を生み、景気が刺激される。
税金を引き下げる
家計で使えるお金が増えることで消費行動を活性化。お金が市場を回り、景気が上向きに。
景気を 引き上げる
景気が落ち込んでいる
景気が停滞しているとき、財政政策と金融政策を同時に行う。
てこの支点がずれてしまうようなもの。
バブルの崩壊後、ゼロ金利政策をとり、公共事業を増やしても、景気は上向かなかった。
公定歩合を引き下げる
低金利で融資を受けられ、個人は消費に、企業は設備投資を増やせる。
金融政策
経済を活性化させる決め手ではなくなった

いまは金利も低い投資を増やそう
わかりました

財政政策は、支出の何倍もの効果を生む

景気が悪くなると、財政政策や金融政策を駆使しながら支出を増やす。ときには「お金のバラまき」と批判されることもあるが、それでもなお行うのは、政府が**乗数効果**を期待しているからだ。

乗数効果とは、財政政策や金融政策によって生じた支出が、いずれ国民所得を数倍に増やすことが想定できる効果のことだ。最初の所得のうちの限界消費性向（96ページ参照）分が消費されると、再びだれかの所得となり、また限界消費性向分が消費される。この循環が連鎖的に繰り返され、限界消費性向が0・8のとき、財政政策によって支出される金額は、最高5倍にもなることがわかっている。ちなみに、限界消費性向が0・9のときは10倍で、1に近づくほど乗数効果も高くなる。

乗数効果が低下する場合もある。景気の先行きが不透明なときは所得の多くを貯蓄に回す。すると限界消費性向が低くなり、乗数効果の値も小さくなる。経済のてこ入れをしても景気の回復の兆《きざ》しがないと、無駄にお金をバラまいただけになってしまう。これが近年の日本の景気がなかなか回復しなかった理由のひとつだ。

ここの飲み代だって乗数効果で次の需要につながるんだぞ
なぁママ？
まぁうれしい

限界消費性向から乗数の値がわかる

乗数効果は限界消費性向に左右される。50億円の公共事業が行われ、そのうち40億円（限界消費性向0.8）を消費に回したときの乗数効果をシミュレーションしてみよう。

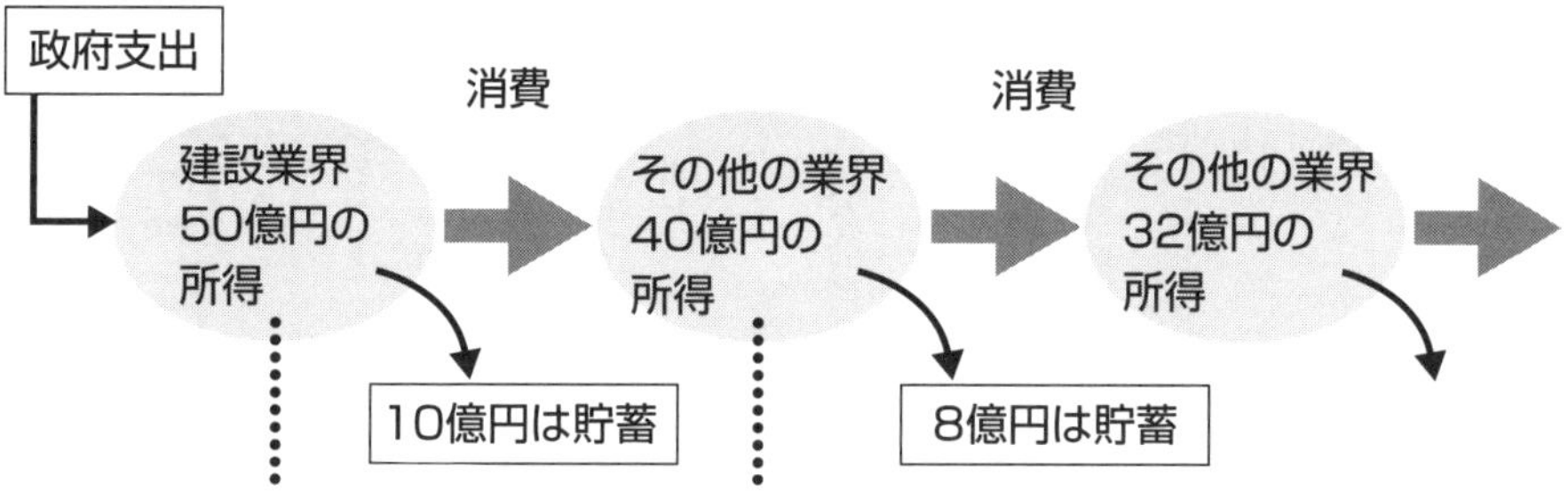

政府支出
建設業界 50億円の所得
消費
その他の業界 40億円の所得
消費
その他の業界 32億円の所得
10億円は貯蓄
8億円は貯蓄

政府が公共事業を発注したことにより、建設業界は50億円を得る。

50億円×0.8＝40億円

50億円の所得のうち、10億円は貯蓄。残りの40億円が消費される。

建設業界から消費に回された40億円は、他の業界の所得になる。

40億円×0.8＝32億円

８億円は貯蓄に回され、32億円はさらに別業界で消費され、その業界の所得に。

これが繰り返されていく

乗数の求め方

$$乗数＝\frac{1}{(1－限界消費性向)}$$

限界消費性向が0.8のとき、その乗数は５。50億円の公共投資は250億円まで膨れ上がる。

おさえておきたいポイント

減税にも乗数効果がある

減税が実施されると、その分だけ可処分所得（税金を引いた自由に使えるお金）が増える。たとえば国民ひとりあたり、１万円が減税されれば、１万円分の所得が増えたのと同じだ。

そのときの限界消費性向を求めることで、乗数効果がわかる。もし限界消費性向が0.8ならば、１万円のうち8000円が消費されることになり、それがまた、だれかの所得になるのだ。

ただ一般に、減税による乗数効果は小さいとされている。

自己責任が年金制度にも導入される

国の社会保障制度のひとつとして運営されているのが**年金制度**だ。そのシステムは大きく3つの制度に分類することができる。

ひとつ目が「国民年金」だ。20歳以上60歳未満の全国民の加入が義務づけられ、自営業や学生もこの制度の枠に入る。2つ目が「厚生年金」。主にサラリーマンが加入し、保険料は社員と会社で折半する。金額は収入によって異なるが、多く支払った人は年金額も増える。3つ目は「共済年金」。国や地方の公務員、私立学校の教職員が加入する。厚生年金は国民年金に上積みされる2階建て、共済年金は国民年金＋共済年金＋独自の職域年金が上積みされる3階建てで給付される。

年金は、現役世代が高齢者世代の人たちを支える互助システムであるがゆえに、制度自体が崩壊の危機にある。少子高齢化により、年金受給額の減少が避けられないからだ。解決策のひとつとして登場したのが「**確定拠出年金制度**」。この制度では各個人が自分の掛け金を運用し、将来の年金を増やさなければならない。年金は国や企業へお任せの制度ではなく、自己責任で運用する時代になった。

時代は常に
もの凄い勢いで
流れている
年金も自分で
運用する時代
になったんだ

早目に制度を知っておきたい

金融のリスクヘッジは自己責任で行う時代。年金も例外ではない。将来のことと傍観するのではなく、現在の年金制度の全体像を把握しておこう。

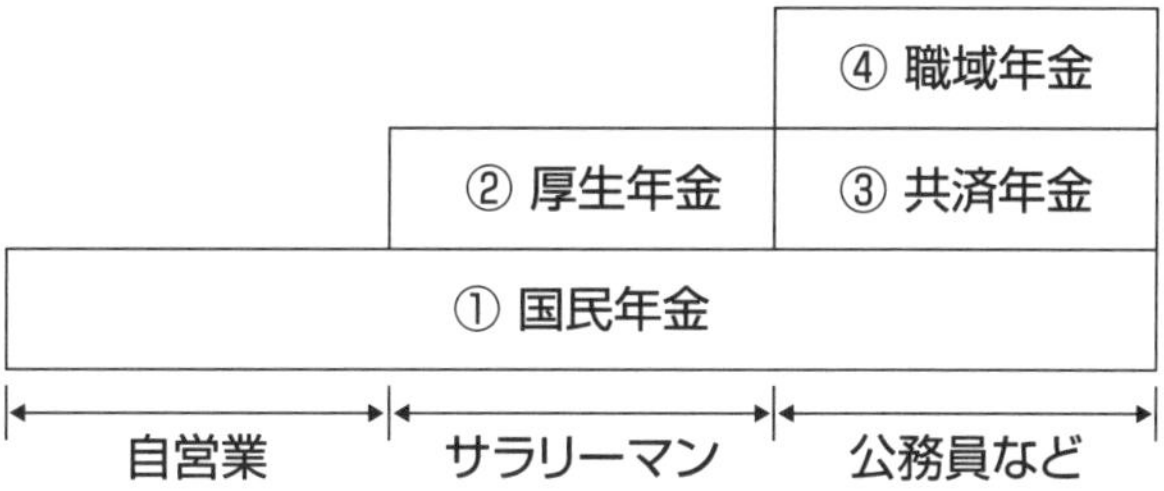

④ 職域年金
② 厚生年金
③ 共済年金
① 国民年金
自営業
サラリーマン
公務員など

①国民年金
20歳以上60歳未満の全国民の加入が義務づけられている。

②厚生年金
主に会社勤めをしているサラリーマンが加入。

③共済年金
国や地方の公務員や、私立学校の教職員が加入。

④職域年金
共済年金特有のもので、上乗せ部分の年金。

厚生年金基金とは

厚生年金基金の加入者は給付額にプラスアルファがつく

厚生年金基金に加入していると、年金の給付額にプラスアルファがつき、より多くの年金が支給される。一般に保険料は、厚生年金のみの人と変わらない。

ただ厚生年金基金は近年、運用難が続き、その数は減少傾向にある。

日本版401k　確定拠出年金とは

掛け金を運用し、その結果によって受け取る年金額が変わるという新しい年金制度。アメリカの企業年金、401kプランを参考にして作られ、日本版401kとよばれる。

企業が拠出する企業型と、自営業者や企業年金がない従業員が導入できる個人型がある。

運用成功　株式や投資信託、保険商品などで運用。成功すれば年金が増える（上限あり）。

運用失敗　加入者に対して元本確保商品も用意するが、それでも運用を失敗すると年金が減る。

世界の富を手中にした巨人

ロスチャイルド家

ドイツ
ネイサン・マイヤー・ロスチャイルド
1777−1836

貴族御用達の古銭商として成功 ロスチャイルドの姓を名乗る

ロスチャイルド家の繁栄は、初代マイヤー・アムシェルからはじまる。１７４３年に生まれた彼は、古銭商を生業としていた。二束三文で買い上げた古い貨幣を、領主や貴族に売り込むことで、財をなし、上層階級との面識を得ていった。

この事業に成功したアムシェルは、彼の先祖が代々、家紋として使ってきた赤い盾《たて》（ドイツ語でロートシルト、英語読みでロスチャイルド）を玄関に掲げ、マイヤー・アムシェル・ロスチャイルド商会を創立したのである。

アムシェルには5人の息子がいた。この子どもたちが、ヨーロッパ全土に事業を拡大することとなる。

独自の通信網を駆使 あらゆる情報を味方につけた

イギリスの金融街シティで活躍していた三男ネイサンは、産業革命の芽生えを直《じか》に体験したひとりである。そのころ発明された蒸気機関車の有用性、鉄道事業の将来性を、ヨーロッパ各国に散った兄弟にすぐさま報告した。

各国の兄弟たちは、いち早く各国の鉄道利権を獲得し、莫大な利益を得る。交通・通信の主な手段が馬車であった時代に、機密書類を隠せる二重底の荷車や伝書鳩を活用。この連絡網がロスチャイルド家の強さであり、陰に陽に活用された。

フランス革命、2度におよぶ世界大戦の戦火をくぐり抜け、ロスチャイルド家は長きにわたる繁栄を誇ることになる。

第6章

日、米、欧、アジア、経済は連動している

——国際経済——

グローバル化が進む現在、経済活動も国内だけをターゲットにしていては発展は望めない。国際規模で経済活動を行うために必要な、為替や貿易のしくみを知る必要がある。

お金が商品として取引される

インターネットなどの情報技術の発達もあって、世界は急速にグローバル化が進んでいる。経済、金融も例外ではなく、国際投資として株式や国債が国の壁を越えて売買されている。これらの国際間の取引は、現金ではなく**為替**という方法で決済が行われる。

為替とは、遠方にいる取引相手に対して現金を移動することなく、債権・債務を決済する方法だ。国際貿易や国際金融の場合は、お互いの通貨を交換する必要がある。このとき、双方が納得する交換比率＝為替レートを決めなければ取引に混乱が起きる。日本の場合は、外国為替市場で通貨どうしを売買して為替レートを決めている。これを「変動為替相場制」とよぶ。ここでは商品を売買するのと同じように、自国通貨を売り（買い）、外国通貨を買う（売る）ことが行われる。

外国為替取引は24時間行われている。東京、香港、シンガポール、チューリッヒ、パリ、ロンドン、ニューヨーク、シドニーなどの各国の都市での取引では、秒単位で為替レートが上下している。各市場の取引は時差で少しずつ重なりながらズレていき、地球をひと回りする。

為替はキャッシュレスの取引

新聞やテレビのニュースで円安・円高とよく耳にする。このため為替というと、お互いの国の通貨を交換するための外国為替のことを思い浮かべてしまうが、本来は、金融機関を仲介して決済するしくみのことをさす。

日常生活で利用する銀行振り込みや振り替えも為替のひとつ。キャッシュレスでお金の移動をスムーズに完了できるのが為替の大きな特徴だ。

円高・円安、どちらがよいとはいえない

ドルに対して円が強くなれば円高。その逆が円安。海外旅行に出発するときは円高が得だが、帰国するときは円高が進んでいると損をする。

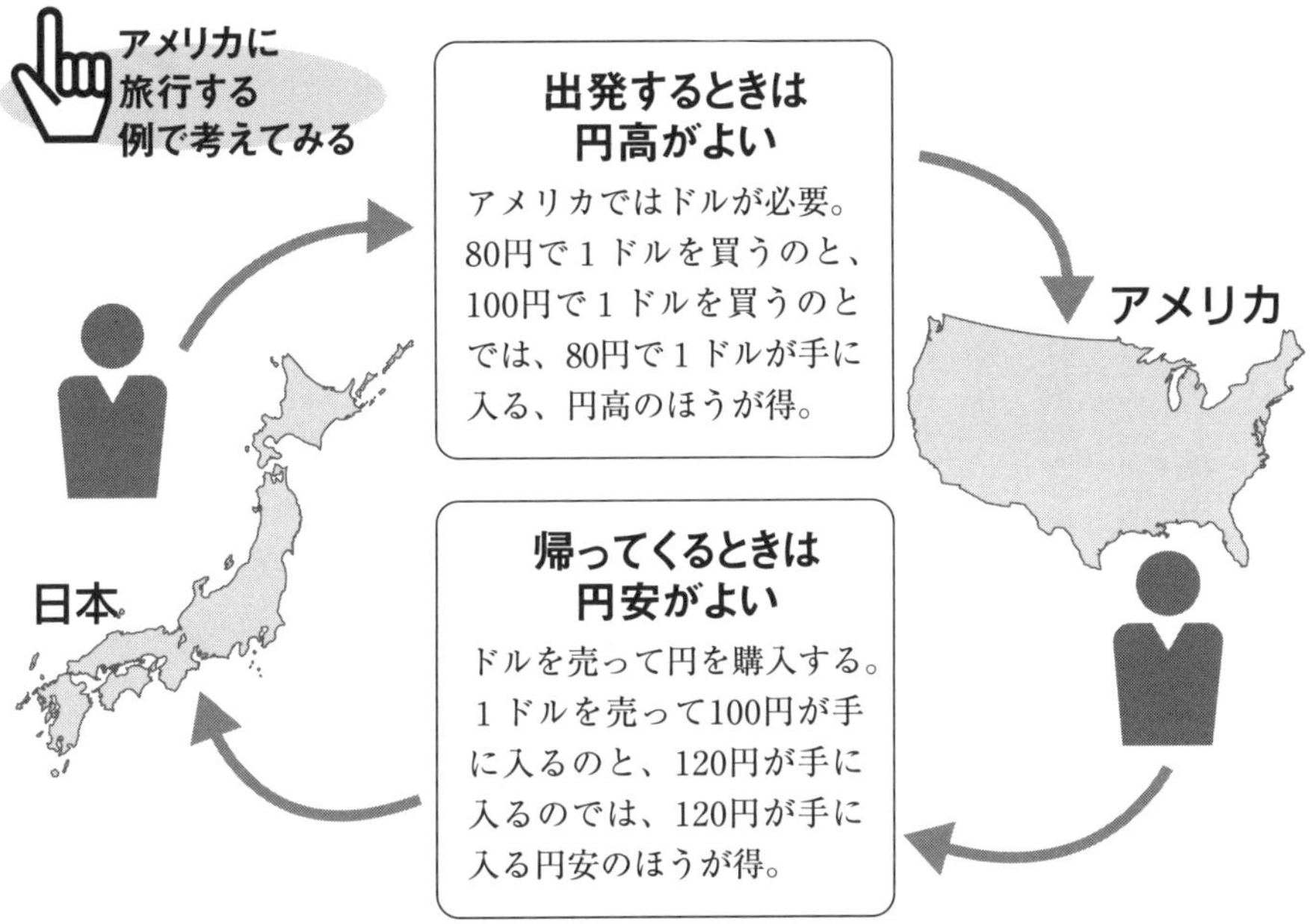
アメリカに旅行する例で考えてみる
出発するときは円高がよい
アメリカではドルが必要。80円で1ドルを買うのと、100円で1ドルを買うのとでは、80円で1ドルが手に入る、円高のほうが得。
アメリカ
日本
帰ってくるときは円安がよい
ドルを売って円を購入する。1ドルを売って100円が手に入るのと、120円が手に入るのでは、120円が手に入る円安のほうが得。

通貨が取引される要因は4つ

ドルやユーロ、ポンドなどの外国通貨と円が取引されるのは、お互いの国を越えて財やサービスが移動するとき。主に下にあげた4つで通貨が取引される。

1 貿易

輸出や輸入などの貿易を行ったとき、その決済のために、円（外貨）を売って外貨（円）を得る必要がある。

2 投資

日本人が外国の債券や株式に投資するとき、外国人が日本の債券や株式に投資するとき。

3 国のやりとり

国どうしがお互いの通貨をやりとり（受け渡し・受け取り）するとき。

4 投機

為替レートの変動を予想して外国為替市場で通貨を売買する。

お金の価値は変動し、為替レートも変わる

テレビなどのニュースで「本日の為替相場は1ドル＝１２０円50銭」などの言葉をよく耳にする。これは、日本が**変動為替相場制**を採用しているためで、円とドルの持っている相対的な価値によって、為替レートが上下するからである。為替レートが変化するのは、通貨を商品のように扱い、需要と供給の市場原理が働いているからだ。

国際間の取引が自由に行えるメリットはあるが、円の価値が急激に変化すると輸出や輸入に影響が生じ、国内の経済が混乱することもある。

変動為替相場制では為替レートは変化するが、常に一定のレートを保つ「固定為替相場制」もある。一見、為替市場が簡素化するように思えるが、需要と供給の市場原理は変わらない。

その国の中央銀行が市場に介入し、意図的に需要と供給を調整して一定の為替レートを維持する。経済的な基盤が弱い発展途上国は、国内の経済事情で為替レートが変動することで、経済がより一層不安定になるのを避けるため、固定為替相場制を採用するところもある。１９７３年まで日本も固定為替相場制であった（左ページ参照）。

中間の為替相場制度がある

固定為替相場制は、産業構造が大きく変化したり、現在のレートでは経済活動の妨げ（２国間の経済不均衡）になると判断した場合には、為替レートを変更できる。これを「調整可能な釘付け制度」(adjustable peg system) とよんでいる。

たとえば中国は急激な経済発展で中国の通貨、人民元の過小評価の問題が議論され、米ドルに連動したペッグ制（P23参照）を採用していたこともある。

政府や中央銀行の介入がなくては固定相場は維持できない

固定相場を維持することは困難

需要と供給のバランスでものの価値が決まる。為替相場でもこの市場原理は同じ。主要先進国の多くは、変動為替相場制を採用している。

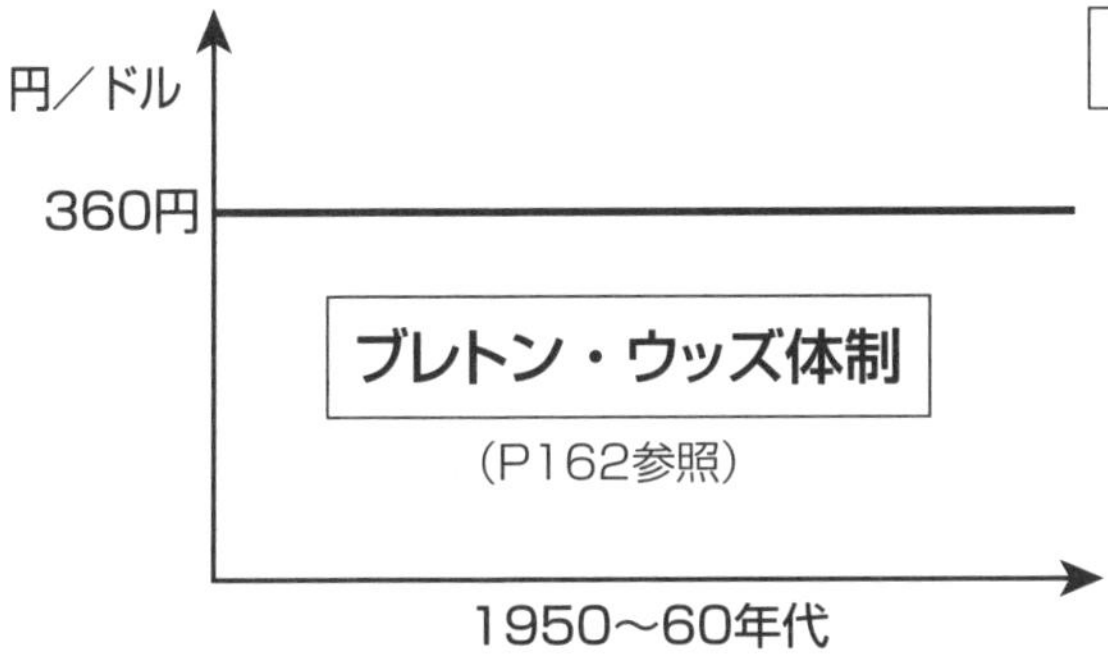
円／ドル
360円
ブレトン・ウッズ体制
(P162参照)
1950～60年代

固定為替相場制

固定為替相場を維持するためには、その国の中央銀行が意図的に介入して需要と供給を操作したり、市場の取引量を制限する。これが国際間取引の足かせになることもある。

固定為替相場制から変動為替相場制へ

ドルはかつて金本位制（金１オンス＝35ドル）の固定為替相場だった。しかし、1971年に金本位をやめるとアメリカが宣言（ニクソン・ショック）。世界の基準通貨だったドルの信用は失墜した。また、1973年に日本は固定為替相場に見切りをつけ、変動為替相場に移行した。

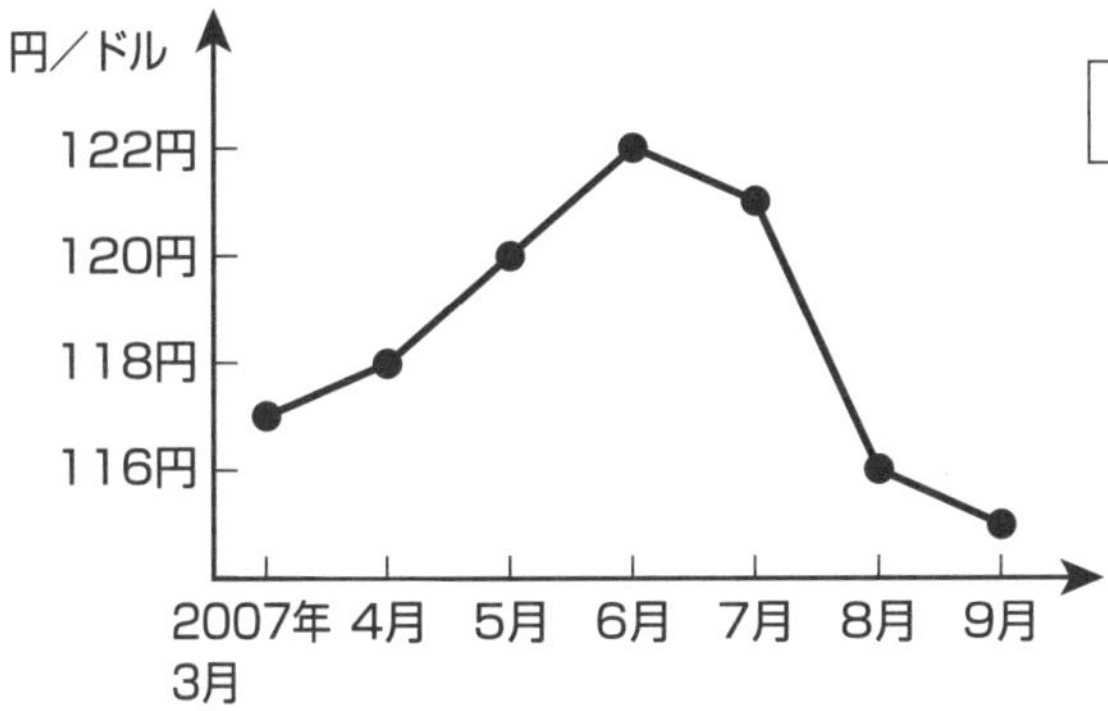
円／ドル
122円
120円
118円
116円
2007年3月
4月
5月
6月
7月
8月
9月

変動為替相場制

国際間で自由な取引ができるようになるが、為替レートの変動で物価も上下し、社会の不安要素になることもある。中央銀行が市場介入して変動幅を抑えることも。

(出典:日経　スマートチャート)

同じ商品なら、同じ値段がつく

通貨の交換比率＝為替レートは、外国為替の需要と供給によって変動する。では、もともとの為替レートはどのように決まるのだろうか。

為替レートを考える前に**一物一価**の法則を知っておくとよい。これは「同じ商品ならどこでも同じ価格になる」というものだ。

たとえば、地域によって価格の異なる商品があるとすると、安い地域で仕入れて高い地域で売れば差額が儲けになる。つまり、安い地域から高い地域に商品が流れ、安い地域では需要が供給を上回り価格上昇へ、高い地域では供給が需要を上回り価格低下へと価格が移動する。そしてこれは両地域の価格が同じになるまで続く。

安く仕入れて高値で売り、利ざやを稼ぐことを**裁定取引**とよぶ。これにより、一物一価の法則が成り立つわけだ。国際間で取引されている商品でも同じことが起こり、国は違っても商品の価格が一致すると考えられる。つまり、１００円で買える商品がアメリカでは何ドルで買えるかを調べれば、通貨の交換比率が決まる。この理論を「購買力平価」とよび、ここから為替レートが求められる（Ｐ１５８参照）。

現実には、同じ商品でも価格差は生まれる

一物一価には「商品に対する地域差がまったくない」ということが前提だ。だが、店舗の賃貸料や人件費、人の流れに圧倒的な差があったりすると、同じ商品でも価格差が出る。

たとえば、全国で均一の商品を扱っているマクドナルドでも近年、地域別価格を導入。通常チェーン店は損益を吸収し合い、どこでも同じ価格という戦略をとるが、地域格差が激しいため、マクドナルドは地域で違う価格体系を採用した。

同じお好み焼きでも価格に差が出る

この辺の お好み焼きは だいたい同じ値段 なのか？
ジュー
ジュー
いえ、味もサービスも違うので そうとも限りません
ジュー
そうだ 今度、最高級の お好み焼き屋に お連れしましょう

マクドナルドやスターバックスから、為替レートが見える

日本とアメリカに同じ商品があるとき、**購買力平価**説に基づき、その商品の両国の値段を比較することで、通貨の為替レートが決まる。

マクドナルドは世界中にチェーン店を展開していて、ほぼ同じ商品をどこでも購入することができる。たとえば、東京で210円のハンバーガーと同じ商品をアメリカで購入すると2ドルだったとする。一物一価の法則に当てはめると、1ドルは105円（210円÷2ドル）と同等の価値があることがわかる。もし、アメリカで急激なインフレが起きると、ハンバーガーの値段も上がる。仮にハンバーガー1個が3ドルになり、日本では価格がそのままだとすると、1ドル＝約70円となる。

これが為替レートの変動を読み解く鍵になる。つまり、ハンバーガーの価格の動きを見ることで、アメリカの急激なインフレが円高を急速に進めるということがわかる。

このように、両国の物価の動きを比較することで大まかな為替レートの流れがつかめる。

購買力平価は1988年から内閣府（旧経済企画庁）が作成している。

トールラテで物価の比較ができる?!

アメリカ	2.80ドル
日本	3.16ドル
EU	3.72ドル
スイス	4.54ドル
カナダ	2.35ドル
タイ	1.93ドル

2004年1月16日のデータ

（出典:イギリス　The Economistホームページ）

全世界でチェーン店を展開しているファストフード店などは、共通のメニューが多数あるので、各国の価格を比較することで、物価の高低がわかる。

スターバックスラテ（トールサイズ）の各国価格を比較してみる。

ビッグマックで為替レートを見る

世界各国のマクドナルド店のビッグマックの価格を指数化したものがビッグマック平価。この数字を見てみると、実際の為替相場は円安ということがわかる。

国（通貨）	ビッグマック平価（対ドル）	実際の為替レート（対ドル）
日本（円）	87円	121円
EU（ユーロ）	1.10ユーロ	1.30ユーロ
イギリス（ポンド）	1.62ポンド	2.13ポンド
カナダ（ドル）	1.13ドル	1.18ドル
ノルウェー（クローネ）	12.9クローネ	6.26クローネ
スイス（スイス・フラン）	1.96スイス・フラン	1.25スイス・フラン
オーストラリア（ドル）	1.07ドル	1.29ドル
中国（元）	3.42元	7.77元
タイ（バーツ）	19.3バーツ	34.7バーツ
シンガポール（ドル）	1.12ドル	1.54ドル
フィリピン（ペソ）	26.4ペソ	48.9ペソ

（出典:イギリス　The Economistホームページ　2007年2月1日のデータ）

物価の高い日本では輸送費などがかさみ、
商品の値段が割高になることも

日本のビッグマックは高いと思わない？
聞いてるの？
モグモグ
ムシャムシャ

貿易取引は為替に左右される

外国為替市場は世界中にあるが、株式の証券取引所のように公的な組織ではなく、コンピューターや電話による通信ネットワークで構成されている「概念の市場」だ。外貨を売る側と買う側が1対1の関係で売買契約を成立させるため、「売りたい」と「買いたい」という人がいれば、昼夜関係なく24時間取引が行われている。

為替レートが常に変動しているため、外国為替の売買はタイミングによって損をしたり儲けたりする。これを**為替差損・差益**という。「円高・円安」が、差損・差益を左右する。海外旅行でもそのときどきの為替レートで損得が発生する。

海外旅行程度なら大きくても数万円の差損・差益ですむが、輸出入にかかわる業界では、為替レートが数円動いただけでも莫大な差損・差益となる。

トヨタ自動車は２００4年の4〜6月、3ヵ月間の為替レートが9円の円高で推移し、７００億円の差損が生じた。もちろん円安になれば、差益を獲得する機会が生じる。

為替リスクは個人の取引にもある

為替レートは時々刻々と変動し、通貨の価値が上下する。この変動を利用して、円の価値が高いときに安い外国の通貨を購入し、円が安くなったときに、外国の通貨を売って（円を買って）利益を得ることができる。

近年は個人向けの外貨預金や外貨建て投信など、さまざまな金融商品が流行しているが、レバレッジを効かせて元本の何倍もの取引ができるので、為替変動によるリスクも大きい。

為替相場の動きで大損してしまうことも

外国為替相場が変動して円高・円安になると、具体的にどのような影響が出るのか？　ここではテレビをアメリカに輸出する場合を見てみる。

1ドル＝100円で取引している例で考えてみる

日本

日本からアメリカへテレビを輸出

１ドル100円のとき、テレビ１台を１万円＝100ドルで決済し、アメリカへ100台輸出。

円高は
輸入に有利
輸出に不利

1ドル＝80円になった

１台１万円で売るとアメリカでは125ドルと値上げになり、需要は減る。１台8000円に値下げしなくてはならず、100台をこの値段で売ると20万円の差損に。

アメリカのテレビ市場の需給関係

アメリカのテレビ市場は、１台100ドルが均衡価格。それより高いと供給超過となる。

円安は
輸出に有利
輸入に不利

1ドル＝120円になった

１台１万円で売ると83ドルに。しかしアメリカでは100ドルで売れるので、1万2000円まで値上げ可能。100台売ると120万円になり、20万円の差益となる。

アメリカ

元レートが固定され
元安が続くと
安い中国製品が
大量に日本に入ってくる

為替相場はテロや政治情勢、経済に左右される

市場の参加者はあらゆる可能性を探る。彼らの予想はすぐに市場に反映され、将来予測ができないほど市場を変動させる。

●•·日本の為替相場は円安から円高へ·•●

かつて固定相場制で１ドル＝360円の時代があった。変動相場制に移行してからは、円高基調で推移してきている。

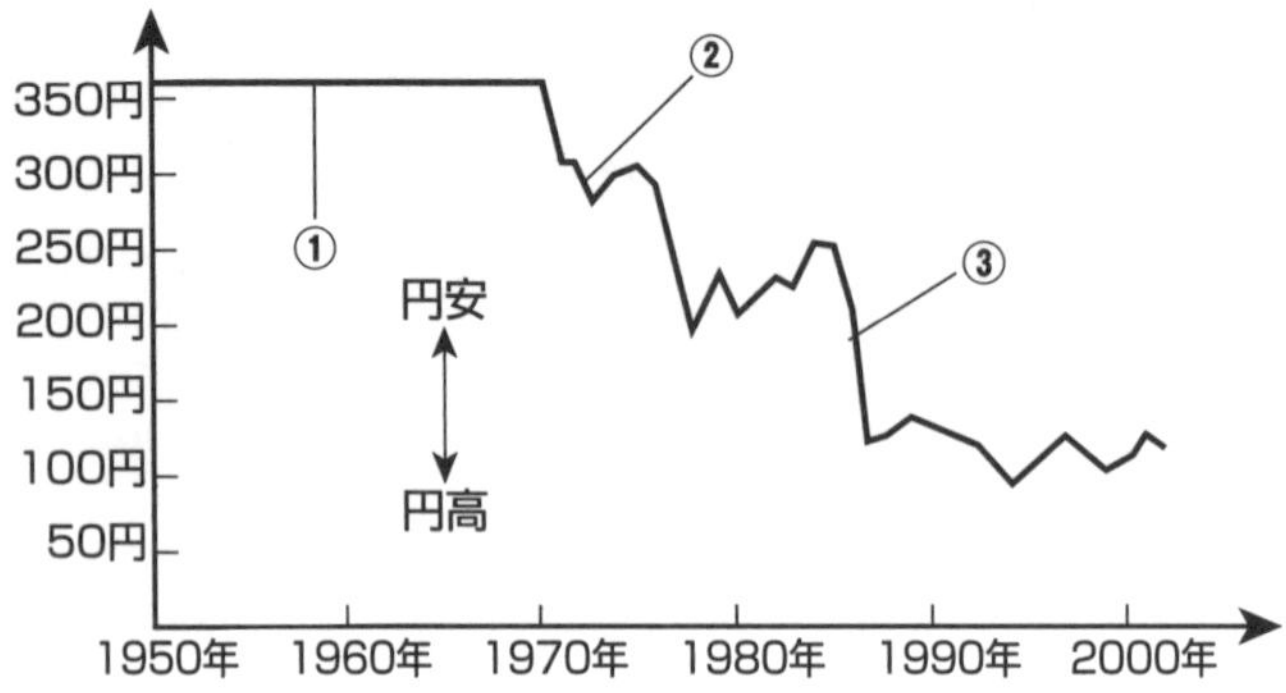

（出典:日本銀行『長期統計系列』）

①ブレトン・ウッズ体制

戦後、ドルを金とならぶ国際通貨とし、ドルと各国の通貨価値を連動させた。日本は固定相場で１ドル＝360円。

②変動相場制へ移行

1973年、貿易不均衡に耐えきれず、日本を含む世界主要国は変動相場制へ。

③プラザ合意

1985年、過度のドル高で貿易赤字を抱えていたアメリカのよびかけで、先進国5ヵ国がドル安にすることで合意。

市場を混乱させていると思われている投機も、ファンダメンタルズを冷静に判断したうえで行われている

為替相場を変動させる条件とは

各国の経済成長率や物価上昇率・金利・金融政策・経常収支などの、経済の基礎的条件（ファンダメンタルズ）が為替を動かしている。

金利による為替変動

日本の金利が下がった

ドルの人気が上がる
アメリカの金利が上がると、資産を運用する人は、アメリカで運用したほうが有利と考える。すると、円売り・ドル買いが活発になり、円安が進む。

アメリカの金利が上がった

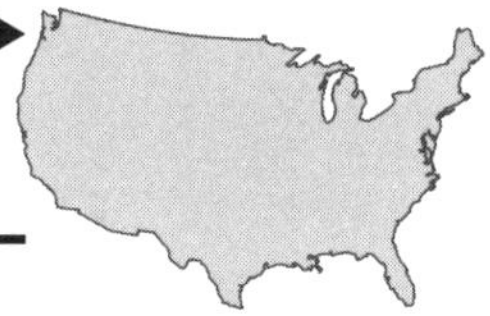

累積経常収支による変動

累積経常収支とは
輸出額から輸入額を引いた貿易黒字と経常黒字。黒字が増えるということは対外資産も増えるということ。外国通貨建て資産のリスクの指標になる。

円高要因に
日本国内では外国通貨は使えない。貿易などによって得られた海外資産を、円に換える必要がある。その結果、ドル売り・円買いの動きになる。

Column 「美人投票」で為替の動きを読む

経済学でいう美人投票とは、一番の美人に投票するのではなく、最も得票率の高い女性に投票した人が、褒美をもらえる、というもの。つまり自分が美人だと思う女性ではなく、みんなが美人だと思うであろう女性に投票をするのだ。

投資法がこの考え方だ。自分がよいと判断する銘柄ではなく、みんながよいと思うであろう銘柄（買い注文が殺到し、価格が上がるであろう銘柄）に投資することがポイントとなる。

生産を特化し、メリットを追求する

レストランで、給仕やレジも得意とするコックさんがいたら、調理を含め、すべてを任せればコストが大幅に削減できると考えるかもしれない。しかし、コックさんが調理に専念すれば、より多くのお客に料理を提供できる。つまり、人を雇って分業することで、ひとりが全部こなすより、大きな利益を上げられることになる。

国際貿易についても同じことがいえる。たとえば、国内生産されているパソコンやテレビでも、中身がすべて日本製というわけではない。これは部品作りを得意とする国から調達しているからである。そのかわり、相手国ができない製品作りをして相互交換する形で輸出しているのだ。

このように、それぞれが自国の得意なものに特化して生産し、そのほかのものは輸入によってまかなう考え方を**比較優位**とよぶ。

比較優位で大切なことは「どちらが部品作りが得意か」という絶対比較ではなく、特化（専念）するということ。

比較優位のものを持っている国は、貿易でものを交換することで、豊かになれる。

われわれ
フランスは
ワインの生産を

われわれ日本の
初芝は電化製品を

すべての生産を行うのは非効率

日本は、一部の農作物生産や工業製品を作るときの生産性が高い。それでも外国から輸入するとメリットが生まれる。中国との貿易の例で確かめてみる。

日本と中国の貿易の例で考えてみる

	小麦	車
日本（人口は100人）	5人で1キロ生産できる	5人で1台生産できる
中国（人口は100人）	10人で1キロ生産できる	20人で1台生産できる

小麦も車も効率よく生産できる日本は貿易を行う必要があるだろうか？

たとえば100人が働くと……

	小麦		車	
日本	労働力50人投入	10キロ生産	労働力50人投入	10台生産
中国	労働力40人投入	4キロ生産	労働力60人投入	3台生産
日本と中国の合計		14キロ		13台

中国が生産の得意な小麦に労働力を多く投入すると

	小麦		車	
日本	労働力30人投入	6キロ生産	労働力70人投入	14台生産
中国	労働力80人投入	8キロ生産	労働力20人投入	1台生産
日本と中国の合計		14キロ		15台

中国は小麦に特化し、日本は車に特化。両国が分業することで、小麦の生産量を変えずに車の生産台数が増える。貿易するほうが両国にとってメリットがある。

企業の海外進出によって、国内が閑散としていく

１９８５年の「プラザ合意」のあと、急激に円高が進んだ。それまで日本の製造業はアジアから資源を輸入し、製品を作って輸出するという形態で貿易を行ってきた。急激な円高は製造業を苦しめ、安い人件費を求めて海外へ生産拠点を移す企業が続出。現在では本社ごと海外に移転して工場が稼働しているケースも少なくない。家電製品は、そのほとんどを輸入する時代になった。

製造業の生産拠点が海外に移行することで、これまで国内で継承されてきた技術が途絶え、国内の産業が衰退してしまうことが懸念されている。これを**産業の空洞化**とよび、国際競争力が落ちて日本経済が衰退してしまうのではないかと、深刻な経済問題になっている。

しかし、比較優位の考え方に基づけば、得意なものの生産に特化した分業は相互にメリットを生むはずだ。いまの日本は比較優位のため、産業構造が転換している過渡期。それが産業の空洞化をまねいているが、この現象は一時的なもの。アジアから安くものが供給されることは、長期的に見れば日本にとって有利で、国内産業を破壊する脅威ではない。

金融の空洞化も心配

金融ビッグバンで、それまでの金融に関するさまざまな規制が緩和されてきたが、金融、証券の税制が整っていないこともあり、日本国内の金融取引はコストがかさんでしまう。

そのため、本来なら日本で行われるべき金融取引が海外に流出、金融機関も海外へ移行する現象が起きている。具体的には、東京証券取引所に上場していた外国株の取引が激減、日本株の国際取引がロンドンやニューヨークに流出している。

ちは
あ 島さん！
厳しい労働条件下、必死に働いても十分な賃金がもらえない、ワーキングプアも問題になっている
やってるねーッ もう12時に近いっていうのに だれも帰ってない

産業の空洞化にはメリットもある

国内の製造業が衰退する空洞化現象が心配されているが、技術移転でアジア全体の経済が活性化すれば、日本との取引も増え、長期的にはメリットとなる。

○

日本の企業が海外へ行くことのメリット

日本の企業が進出した国の経済が順調に発展することで、アジア諸国からの輸入、日本からの輸出が盛んになり、経済が活性化することが期待される。

日本からアジアへ
巨額の対外投資が
行われている。

×

デメリット

日本の雇用が減少し、失業問題、人件費のダウンなど社会不安を起こす可能性も。

長期的に見ればプラス面も多い。プラス効果をより大きくする対策が必要。

海外とのやりとりのプラス・マイナスを示す

企業は、一定期間の取引を記録して決算書として公表する。国も同じように、外国との国際経済取引で一定の期間に生じたお金のやりとりをまとめ、公表している。これを**国際収支**とよび、大別すると海外とのものやサービスなどの取引差額からなる「経常収支」と、証券投資などからなる「資本収支」に分けられる。

国際収支は左図のように分類され、複式簿記の原理に基づいて作成される。財やサービス、国債などを売った場合には受取欄に数字が記載され、逆に買った場合は支払い欄に数字が記載される。受け取りが超過した場合は黒字、支払いが超過した場合は赤字だ。

経常収支は国民所得のなかで大きな位置を占め、国際競争力をはかる指標となる。財やサービスの輸出が増えると外国からの収入が増え、国民所得も増加、反対に輸入が増えると対外支払いが増え、国際競争力も低下する。日本は長いあいだ、貿易収支の黒字を重ねてきたが、近年、対外投資による所得収支が増えてきた。これは貿易に加えて、投資が日本の経済を支える屋台骨になりつつあることを意味している。

大量の外貨を持った国が「経済大国」

国の経済力は、自国の通貨ではなく、外貨保有量ではかることができる。自国の通貨をたくさん持っていても、そのままでは他国で使えないただの紙切れだからだ。

外貨を稼ぐひとつの方法は貿易だが、貿易で莫大な外貨を稼ぐと、相手国の景気を悪化させ「失業の輸出国」として孤立してしまう。経済がグローバル化した現在、自国だけでなく、世界を牽引し安定させる経済力が求められている。

国の帳簿の差し引きは必ずゼロになる

国際収支は複式簿記の原理で記入され、支払った分と受け取った分を差し引くと必ずゼロになる。つまり、経常収支が黒字なら資本収支は赤字、と対の関係になる。

国際収支

国のある一定期間の対外取引を記録したもの。マニュアルに基づいて作成され、各国と比較ができる。

経常収支

国際収支の中心が経常収支。現在だけにかかわる対外取引を記録、将来に対しての債権や債務を残すような取引は含まれない。

- **貿易・サービス収支**
  輸出入などの一般的な取引、海外旅行などのサービス、取引がある。
- **所得収支**
  対外投資に対するリターンや、海外の日本企業の売り上げなど。
- **経常移転収支**
  対価を伴わない資金援助や無償の資金協力の収支を計上したもの。

資本収支

将来にわたって債権・債務がある対外的な金融取引。海外との直接投資や、証券投資の収支差を表す。

- **資本収支**
  海外への投資額。直接投資収益、証券投資収益、などに区分される。

外貨準備増減

貿易を行う際の支払いや相手国へ借金返済をするための外貨保有量。

使いすぎた……
赤字部分は
カジノの一発逆転で

世界の富を手中にした巨人

セシル・ローズ

イギリス
1853－1902

南アフリカの鉱山を独占し史上最大の独占企業を作った

セシル・ローズは、イギリスのハートフォードシャーに生まれる。若くして健康を害し、兄を頼って南アフリカに移った。ローズが赴《おもむ》いた南アフリカは、折しもダイヤモンド・ラッシュの真っ只中であり、ローズ自身もやがて、ダイヤモンド事業に乗りだすことになる。

南アフリカでも、とくに良質なダイヤモンドが採れたキンバリー鉱山一帯は、ローズのデ・ビアス社と、バルナト・ダイヤモンド鉱山会社が支配していた。

しかし、デ・ビアスがバルナトを買収する。

結果、デ・ビアスは世界のダイヤモンド市場の約9割を独占することになる。

植民地支配を進める帝国主義者としての一面も

デ・ビアスは、鉱山を独占することにより、ダイヤモンドの供給量、さらには価格をも自在にコントロールした、といわれている。しかし、それにはメリットもあった。当時のダイヤモンド鉱山では、原石の乱掘が続いており、ダイヤモンドの価格は非常に不安定だったのだ。

デ・ビアスがダイヤモンドの供給量を調整することによって、価格は安定し、ダイヤモンドは「永遠の輝き」として、いまもその価値を保っている。

その後、ローズはケープ植民地の首相となった。彼の名を冠することになるローデシアを占領するなど、列強の植民地政策にあたえた影響は大きい。

さ

た

あ

か

監修者プロフィール

高木　勝（たかぎ　まさる）

経済評論家、明治大学教授。1969年、慶應義塾大学経済学部を卒業。同年、富士銀行入行。調査部調査役、調査部次長を経て、1988年に富士総合研究所経済調査部長。同研究主幹、同理事を歴任し、1998年、明治大学政治経済学部、同大学院政治経済学研究科教授に就任。経済評論家としても、さまざまな方面で活躍中。著書に『アメリカ一国支配の終焉』（講談社）、『入門・景気の見方』（PHP研究所）、『日本経済は復活する』（ダイヤモンド社）、『九勝六敗の日本経済』（光文社）など多数。

参考文献

『アメリカ一国支配の終焉』　高木勝著（講談社）
『これだけは知っておきたい［最新］金融・経済用語300』　高木勝監修（実業之日本社）
『［図解］「人口減少」日本　経済・金融・社会はこうなる!』　高木勝監修（実業之日本社）
『［スーパー図解］パッと頭に入る経済』　高木勝監修（実業之日本社）
『［スーパー図解］パッと頭に入る経済常識』　高木勝監修（実業之日本社）
『［スーパー図解］パッと頭に入るデフレ・インフレ・景気常識』　高木勝監修（実業之日本社）
『大人になるための経済学入門』　南山大学経済学部編著（日本放送出版協会）
『「金融・証券」がわかれば経済のしくみが見える!』　林雅巳監修（ナツメ社）
『経済学はいかにして作られたか?』　矢沢サイエンスオフィス経済班編（学習研究社）
『経済入門――理論と実践 基本マスター――』　浅子和美／玉手義朗著（ダイヤモンド社）
『これならわかる　日本経済入門』　山田伸二著（東洋経済新報社）
『新版・おもしろ経済学史――歴史を通した現代経済学入門――』　山崎好裕著（ナカニシヤ出版）
『スティグリッツ　入門経済学（第3版）』　ジョセフ・E・スティグリッツ、カール・E・ウォルシュ著（東洋経済新報社）
『図説 BRICs経済』　門倉貴史著（日本経済新聞社）
『〔図解〕BRICs経済がみるみるわかる本』　アジア&ワールド協会編著（PHP研究所）
『「世界経済のしくみ」が面白いほどわかる辞典――グローバル時代の経済の常識と新潮流』　西野武彦著（PHP研究所）
『ゼロからスタート！ 経済学超入門』　経済セミナー編集部編（日本評論社）
『知識ゼロからの数字でわかる日本経済のよみ方』　長谷川慶太郎著（幻冬舎）
『MINERVA現代経済学叢書⑮　中東の経済開発戦略　－新時代へ向かう湾岸諸国－』　細井長著（ミネルヴァ書房）
『東大生が書いたやさしい経済の教科書』　東京大学赤門Economist著（インデックス・コミュニケーションズ）
『入門｜経済学　第2版』　伊藤元重著（日本評論社）
『マイクロソフト――ビル・ゲイツ（世界を変えた6人の企業家　1）』　デーヴィッド・マーシャル著（岩崎書店）
『マクロ経済学』　井堀利宏著（ナツメ社）
『マネー&パワー』　ハワード・ミーンズ著（東洋経済新報社）
『メディチ家』　森田義之著（講談社）
『らくらく入門塾「経済のしくみ」がすんなりわかる講座』　野口旭著（ナツメ社）
『歴史から読む現代経済』　日本経済新聞社編（日本経済新聞社）
『ロスチャイルド家』　横山三四郎著（講談社）

外務省ホームページ
金融庁ホームページ
財務省ホームページ
総務省統計局ホームページ
ダウジョーンズニューズワイヤーズホームページ
駐日欧州委員会代表部ホームページ
東京証券取引所ホームページ
日本銀行ホームページ
日本経済新聞社ホームページ
『The Economist』ホームページ
Goldman Sachsホームページ

弘兼憲史（ひろかね　けんし）

1947年山口県生まれ。早稲田大学法学部卒。松下電器産業販売助成部に勤務。退社後、1976年漫画家デビュー。以後、人間や社会を鋭く描く作品で、多くのファンを魅了し続けている。小学館漫画賞、講談社漫画賞の両賞を受賞。家庭では２児の父、奥様は同業の柴門ふみさん。代表作に、『課長 島耕作』『部長 島耕作』『加治隆介の議』『ラストニュース』『黄昏流星群』ほか多数。『知識ゼロからのワイン入門』『知識ゼロからのカクテル＆バー入門』『知識ゼロからの簿記・経理入門』『知識ゼロからの企画書の書き方』『知識ゼロからの敬語マスター帳』『知識ゼロからのM＆A入門』『知識ゼロからのシャンパン入門』（以上、幻冬舎）などの著書もある。

装幀　カメガイ デザイン オフィス
装画　弘兼憲史
本文漫画　『課長 島耕作』『部長 島耕作』『取締役 島耕作』『ヤング 島耕作』
『島耕作の優雅な１日』『加治隆介の議』（講談社刊）より
本文イラスト　押切令子
本文デザイン　バラスタジオ（高橋秀明）
校正　寺尾徳子　今井美穂
編集協力　西 一
オフィス201（新保寛子　小原健）
編集　福島広司　鈴木恵美（幻冬舎）

知識ゼロからの経済学入門

2008年1月25日　第１刷発行
2008年3月20日　第４刷発行

著　者　弘兼憲史
発行者　見城　徹

発行所　株式会社 幻冬舎
〒151-0051　東京都渋谷区千駄ヶ谷4-9-7
電話　03-5411-6211（編集）　03-5411-6222（営業）
振替　00120-8-767643
印刷・製本所　株式会社 光邦

検印廃止

ISBN978-4-344-90117-9 C2033
Printed in Japan
幻冬舎ホームページアドレス　http://www.gentosha.co.jp/
この本に関するご意見・ご感想をメールでお寄せいただく場合は、comment@gentosha.co.jpまで。